Jules

Lionel Florence

Jules

récit

PLON
www.plon.fr

Ouvrage publié sous la direction de
Anne-Cécile Huprelle

92, avenue de France
75013 Paris
Tél. : 01 44 16 09 00
Fax : 01 44 16 09 01
www.plon.fr
www.lisez.com

Mise en pages : Facompo (Lisieux)
Dépôt légal : février 2020
ISBN : 978-2-259-28069-3

Ce qui est dit, écrit et rapporté
repose sur des faits réels,
une histoire que j'ai vécue,
ma rencontre avec un enfant maltraité.
Il m'a fallu des années pour arriver
à la raconter, la partager.
Pour toi, Jules.

Lionel Florence

Avant-propos

Je[1] *m'appelle Jules, je suis né à Beauvais dans une famille apparemment normale et sans histoires, comme on peut en rencontrer de l'autre côté du palier, à l'étage du dessous ou dans l'immeuble d'en face. Pourtant, j'ai été, comme on dit, un enfant maltraité. Aujourd'hui, bien sûr, il est devenu presque banal de parler de maltraitance. Les journaux en font régulièrement leurs faits divers favoris, leurs « choux gras » quand ils sont en manque de sensationnel ou de morbide dans la rubrique « Société ». Demain, l'affaire sera oubliée et fera place à une autre victime, au profil à peine différent mais agrémenté de détails encore plus croustillants. Une autre photo en noir et blanc ou en couleurs. Presque le même visage faussement souriant, ou au regard*

1. Ces textes sont nés de paroles ou récits de Jules, que l'auteur a remis en forme.

plus triste, ou l'air moins rebelle. Cette fois, c'est un jeune garçon. Hier, c'était une petite fille. Mais les commentaires resteront les mêmes. « *Comment peut-on faire ça à un tel petit ange ? Ils sont tellement innocents, à cet âge...* », « *Qu'est-ce qui pousse des parents à commettre de telles horreurs ? Ce sont des monstres !* ». *Presque toujours le même récit et le même milieu social. L'alcool, la misère, le chômage, bien que la caricature soit facile et le préjugé souvent trompeur. Les récits des voisins se ressemblent également :* « *On n'a rien vu, rien entendu !* », « *Si seulement on avait su...* ». *Les membres de la famille confirment :* « *On était loin, on ne pouvait pas se douter, on ne les voyait qu'à Noël...* », « *Le petit était toujours malade.* C'*était compliqué avec lui : il n'était pas d'un caractère facile* ».

Je peux parler plus librement de mon parcours, maintenant que je me suis suicidé, à vingt-six ans. J'ai pourtant essayé de faire reculer cette échéance que je ne pouvais éviter. J'ai tenté de banaliser ce passé insupportable, de panser mes plaies ou de « *faire avec* », *comme on porte un fardeau toute sa vie. Il vous colle à la peau et on le trimballe partout. Parfois on croit ne plus en ressentir le poids et, pourtant, il est bien là, sur vos épaules, vous enfonçant toujours un peu plus.*

On *ne choisit pas son enfance, ni son destin.* Ç*a peut servir d'excuse ou d'arrangement. Mais* *il faut accepter cette foutue fatalité. Comme pour limiter les dégâts, on vous fait aussi comprendre que, désormais, il y a prescription. Ça remonte à longtemps. À quoi bon remuer toute cette boue nauséabonde ?*

Pardonner, j'ai essayé. J'ai même tenté de vivre, mais je n'y suis pas arrivé.

La blessure est trop vive, trop purulente. J'ai vu des psys, lu des articles sur la question, rencontré d'autres victimes… Je ne suis pas parvenu à nommer l'innommable, à guérir l'incurable, à me recréer un monde après l'immonde. J'étais programmé pour la destruction.

1

« La première image dont je me souvienne est celle d'un petit corps nu recroquevillé par terre, dans la salle de bains. Je devais avoir cinq ou six ans. J'avais froid. C'est là que je dormais. Sur le carrelage beige. Je me blottissais entre la cuvette des W.-C. et le lavabo. Oui, je vivais là. Je n'avais le droit d'en sortir qu'après avoir bien récuré la cuvette. Mon père pissait debout devant moi, immense, sa silhouette sombre se dessinant en contraste sur le néon blafard du plafond. Une ombre impressionnante qui me balançait un coup de pied dans la figure, lorsqu'il daignait s'apercevoir de mon existence. Je vois encore ma mère soulever sa robe, poser ses énormes fesses sur la lunette, puis tirer la chasse d'eau, comme s'il eût été préférable que je disparaisse avec le flot qui inondait mes oreilles.

Je franchissais parfois la porte de ces quelques mètres carrés pour aller dans la cuisine. Sans doute une faveur de ma mère, car c'était toujours en l'absence du paternel. Je m'asseyais, nu, sur un tabouret en Formica et je la regardais préparer les repas. L'air sentait le gras. Ses cheveux aussi, comme sa peau. Elle était petite, grosse, toujours habillée de noir. Avec une voix criarde, stridente. Du haut de mon promontoire, je ne décrochais pas un mot.

— Désolé, on arrête là... Je me sens glauque de raconter tout ça. Et puis c'est flou, c'est loin, ça fait "cliché". Et à quoi bon ? Ça n'intéressait déjà personne à l'époque. »

Je sentais bien que Jules commençait à se perdre dans les décombres de son passé. J'avais décidé d'écrire enfin son histoire. Mais le travail débutait à peine qu'il s'annonçait long et fastidieux, au compte-gouttes. Il me faudrait y aller en douceur, sans le brusquer. Je connaissais l'oiseau : il était capable de tout envoyer valdinguer d'un coup, avec une violence extrême. Combien de cendriers avais-je déjà vu voler et parfois me frôler les tempes ? Un ordinateur avait même atterri dans la piscine car une application lui avait résisté... Je me préparais donc à m'armer de patience et lui, sans doute, à faire preuve de beaucoup de courage. Je repris :

— Tu avais des frères et sœurs ?

Après un silence, comme émergeant d'un long moment d'absence, d'un ailleurs comme un refuge, Jules reprit lentement le fil de son récit :

— Deux frères et une sœur. Eux avaient le droit de manger à table et de dormir dans un vrai lit. Ils ne mouftaient pas. Peut-être par peur des représailles ? Ou s'étaient-ils habitués à mon statut de vilain petit canard qu'il fallait sacrifier pour avoir la paix ? Rendre transparent le petit dernier jusqu'à l'ignorer totalement. Seule ma sœur, Fabienne, ne pouvait rester insensible à mes mauvais traitements. Elle m'adressait parfois la parole en cachette : c'était courageux de sa part. Et, surtout, elle essayait de m'apprendre à lire et à écrire lorsque les parents s'absentaient. Nous avions une heure ou deux devant nous. Pour une fois, on s'adressait à moi sans chercher à me punir. Elle me fit découvrir le plaisir de déchiffrer cet étrange charabia qu'on enseigne à l'école aux gamins de mon âge. J'étais très doué, me répétait-elle. Presqu'un niveau de CM1 en très peu de temps. L'apprentissage de l'écriture se révéla plus difficile. Il m'aurait fallu plus d'entraînement. L'orthographe n'était pas mon fort ; je préférais la lecture.

Mes frères ne me faisaient aucun mal, si toutefois l'indifférence et le déni n'en font pas. Plus âgés que moi, sans doute se protégeaient-ils en se rangeant du côté du père plutôt que du plus faible... J'ai pu voir dans le regard de Fabienne que ce que je vivais n'était pas normal. Mais l'emprise de mes parents étouffait au jour le jour les doutes et les interrogations qu'elle a forcément eus. Le quotidien fait qu'on s'habitue à ce qui dérange. On regarde en l'air. Ou on ferme les yeux.

Assez vite, j'ai compris que mon bourreau se vengeait, en fait, des infidélités de sa "salope de femme", comme il disait parfois. Il me les faisait payer. Son propre frangin aurait copulé avec ma génitrice, dont je serais le fruit pourri. Il n'en démordait pas. Je n'ai jamais su si c'était vrai. En l'absence du paternel, ma mère ne se gênait pas avec le facteur ou pour recevoir SOS Médecins en nuisette. J'en étais le témoin, assis sur mon tabouret, dans la cuisine. "Le p'tit est encore tombé dans la salle de bains, racontait-elle au jeune toubib ou à l'habitué de service. Il est trop remuant... Vous prendrez bien une petite gnôle ?" Les appâts féminins finissaient toujours par intéresser davantage le bon médecin subventionné que mon épaule démise ou ma lèvre fendue. "Va dans ta chambre, finissait-elle par me lancer, faut que tu te reposes, a dit le docteur"... qui m'avait à peine examiné ! Je m'éclipsais donc dans le couloir, feignant de chercher la porte d'une chambre que je n'avais pas. J'attendais debout en slip dans la pénombre. Je portais forcément un slip pour attendre le médecin ; ça faisait plus propre. Au bout de quelques longues minutes, j'entendais ma mère clamer : "Je vous remercie, docteur, on va redoubler d'attention..." Puis la porte d'entrée claquait. Elle faisait alors un tour dans la salle de bains et en ressortait en traînant les savates. "Tu dis pas à ton père que le docteur est venu !"

— Et tu lui obéissais ?

— Quelle question ! Bien sûr que oui. Je n'allais pas, en plus, tendre le bâton pour me faire battre. Et puis c'eût été la trahir ! Je n'avais qu'elle à qui me raccrocher. Qu'elle qui m'autorisait un espace de liberté et quelques heures de lumière du jour. Je n'allais pas gâcher ces après-midi dans la cuisine à regarder par la fenêtre les immeubles gris d'en face, avant de regagner ma niche. Et puis, sa demande créait presque un lien de confidentialité dont j'étais le garant. Peut-être même notre petit secret me donnait-il une sorte de pouvoir sur elle. Si je le racontais au père, elle prendrait une sacrée raclée. Et ça ne m'apporterait rien. Et elle n'aurait plus confiance en moi. Donc je ne sortirais plus de ma tanière. Alors, à quoi bon la dénoncer ? Pour me venger de quoi ? J'aurais forcément perdu au change.

Je passais mes journées à rouler entre mes doigts le plastique qui entourait les paquets de cigarettes que fumait le paternel. Je les récupérais dans la poubelle. J'en faisais des petites boules, puis les assemblais comme pour tisser des liens entre elles. Je répétais ce geste pendant des heures, sans penser à rien. Parfois, ça ressemblait à une toile d'araignée, à un pantin désarticulé, ou tout simplement à une corde à nœuds. J'étais au moins tranquille, pendant ce temps-là, et j'attendais patiemment qu'un nouveau paquet soit vide pour avoir matière à continuer mon canevas obsessionnel. Heureusement, le vieux fumait beaucoup. Quand, certains soirs, je manquais de ces emballages transparents, j'utilisais des feuilles de papier toilette, mais ça ne rendait pas pareil.

— Quand tu dis que ça ressemblait à une corde, c'était plutôt une corde ou un cordon ?

— Tu joues les psys, maintenant ? Tu ne vas pas t'y mettre, toi aussi, à m'embrouiller le cerveau avec tes pseudo-jeux de mots à deux balles... »

La question m'avait en effet échappé. Pourtant, je n'étais pas mécontent d'avoir suggéré cette métaphore, sans doute pas si anodine. Mais j'outrepassais mon rôle, je dérogeais à ma promesse de n'être qu'un scribe. J'avais envie de lui demander : jeux de *mots* ou jeu de *maux* ? Mais c'eût été mettre un terme définitif à notre démarche. Je continuai :

« À huit ans, on a une existence légale, on est inscrit à l'état civil, on va tous les jours à l'école puisqu'elle est obligatoire. On ne peut pas “disparaître” comme ça de la société ! Et puis, il y a des gens autour de toi, des voisins qui t’ont déjà vu, d’autres membres de la famille qui peuvent s’étonner de tes conditions de vie…

— Oui, bien sûr, j’étais déclaré à la mairie, et sans doute même inscrit à l’école mais, aux deux ou trois assistantes sociales venues à la maison, mes parents avaient toujours prétendu attendre une réponse afin de pouvoir me placer dans un centre adapté à l’enfant perturbé et asocial que j’étais. Leur sincérité apparente semblait convaincre les services sociaux du sérieux de ma prise en charge. Ma mère était bonne comédienne et ils devaient avoir d’autres chats à fouetter. Ils finissaient même par s’apitoyer sur le sort de mes parents et les remerciaient pour le courage dont ils faisaient preuve. “Dès que vous avez des nouvelles, vous nous contactez, hein ?” Je ne me rappelle pas qu’on m’ait une seule fois posé la moindre question ou simplement demandé si j’allais bien… De toute façon, je me serais tu. »

2

J'avais quarante-neuf ans lorsque j'ai fait la connaissance de Jules. Ou plutôt de Julien car, à notre première rencontre, n'assumant pas ce prénom « de vieux », il se faisait appeler Julien. Cela pouvait, en effet, se comprendre. Certains parents devraient réfléchir aux futurs quolibets que leur progéniture aura un jour à subir. Les enfants, même très jeunes, sont sans pitié, alors pourquoi risquer de faire de son fils la cible éventuelle de moqueries, qu'il devra endurer pendant des années ? Ce n'est qu'à l'adolescence qu'on se met parfois à trouver un certain charme à la « ringardise ». Au vintage, dirait-on aujourd'hui... Bref, moi, j'adorais ce prénom si désuet pour un jeune homme de dix-neuf ans. Car, oui, une grande différence d'âge nous séparait.

Après avoir été longtemps professeur d'arts plastiques en banlieue parisienne, je commençais à avoir une petite notoriété en tant que parolier d'Obispo, de Pagny et autres interprètes connus. Sans regret, je décidai donc de quitter l'Éducation nationale. Je me souviens même du jour précis où des élèves entonnèrent « Savoir aimer », en entrant dans ma salle de classe. Il était temps de vider mon casier de fonctionnaire pour oser vivre de mon nouveau métier. Célibataire, je ne prenais pas vraiment de risques. J'arriverais toujours à boucler mes fins de mois.

Je ne pense pas que Jules ait su que mon nom était un peu connu. D'ailleurs, je crois que cela l'aurait fait fuir.

De mon côté, ce que j'avais fui, et depuis longtemps, c'était l'amour, et j'avais fait une croix définitive sur l'éventualité de vieillir à deux.

L'amour ne s'était pas présenté, pourrait-on dire. Ce n'était sans doute pas pour moi. Peut-être tout simplement en avais-je peur. Peur de m'égarer, peur de souffrir, peur de ne plus être moi-même, de perdre ma liberté. Il est tellement plus facile de se réfugier derrière une page blanche, de faire s'aimer les autres passionnément, de leur faire vivre l'extraordinaire, de sublimer leur quotidien, et que cet amour soit pour l'éternité. La réalité est si décevante. Pour ma part, je ne vivais aucune belle histoire, aucune idylle, aucun engagement, aucune folle aventure. Des nuits agréables bien sûr, des rencontres qui enflamment puis retombent aussi vite qu'un soufflé, des petits déjeuners polis mais sans envie de lendemain. On finit par barricader son cœur. Je ne connaîtrai jamais le grand amour. Et je resterai toujours « seul peut-être, mais peinard », comme le chantait Léo Ferré.

Je suis né homosexuel comme je suis né blanc, aux yeux marron, avec deux bras et deux jambes. Je n'ai jamais souffert de cet état de fait ni essayé de changer mon inclination. Dès gamin, j'assumais mon originalité, ma sensibilité. Adolescent, je ne me cachais pas de préférer les statues de Michel-Ange aux rondeurs féminines de Manet ou Renoir. J'étais très apprécié par mes camarades de classe, plus à même de reconnaître ma bonne humeur permanente que de chercher à se moquer de mes tendances si assumées. J'étais tout simplement « bien dans ma peau », ce qui ne donnait aucune prise à de l'agressivité ni à une quelconque violence verbale. Et puis, malgré la persistance de certains clichés, la révolution sexuelle était passée par là.

***

Désormais, je me consacrais à l'écriture de chansons, à la peinture, à la photographie… Quel immense privilège de faire ce que l'on a envie de ses journées, à l'heure que l'on veut, sans contrainte ni compte à rendre… L'Éducation nationale ne me manquait pas vraiment. D'autant que je commençais à gagner ma vie d'artiste très correctement.

J'avais pris l'habitude de passer des annonces sur un site Internet gay, pour y trouver, contre rémunération, des modèles à photographier. Nus, de préférence. Honnêtement, j'avais un certain talent pour les sublimer, mettre en valeur leurs atouts, quels qu'ils soient. J'y trouvais aussi, bien sûr, une certaine excitation. Les photographes resteront toujours des voyeurs, peu importent le prétexte, le sujet ou l'alibi.

Jules – dit Julien – n'avait rien de remarquable, à part sa jeunesse qui rend tout être humain désirable. Ce qui me frappa, derrière l'objectif, fut d'abord son étrange passivité qui faisait de lui un pantin prêt à tout. Telle pose, tel regard, telle attitude. Il faisait ce que je lui demandais, comme s'il n'avait rien à perdre. Ni pudeur ni estime de soi. Un « je-m'en-foutisme » déconcertant, qui attisa ma curiosité et me donna envie de chercher à comprendre. D'aller plus loin avec lui.

Très vite, après deux ou trois séances de pose sans grand intérêt, je me mis à graphiter son corps avec un marqueur. À la « Ben ». Des mots d'amour ou des mots dégradants, des mots parfois enflammés, souvent désespérés. Il se laissait faire. J'aspergeais sa peau de peinture, rouge, noire. J'utilisais son corps comme une pâte à modeler. Il restait froid, impassible, indifférent. Je ne me rappelle plus la première fois où nous avons eu un rapport sexuel. Ni l'un ni l'autre n'en attendait grand-chose. À ses yeux, j'étais sans doute une vieille carcasse comme une autre, et lui était à l'opposé de mon idéal masculin. Je préférais les corps plus athlétiques, les peaux à la couleur tropicale, gorgées de soleil.

Mais Jules, c'était différent.

Mon attirance pour lui dépassait les simples apparences. Il était cassé, certes. Mais il *était*. De sa fragilité émanait une force. De sa précarité une générosité. Si bien que, entre le quinqua et le jeune homme, je n'ai jamais vraiment su qui de nous deux était le plus frêle face à la vie. Il était en réalité le fils que j'aurais aimé avoir. La cinquantaine approchant, le désir de devenir père refaisait surface comme une dernière échéance, un dernier sursaut d'angoisse à l'idée de vieillir sans avoir transmis un peu de soi. J'avais besoin de me sentir utile à quelqu'un, de le guider, de l'élever, dans le plus beau sens du terme. Par sa passivité, son mutisme, sa jeunesse, Jules me semblait être la personne idéale. Avec lui, tout était à construire, ou à reconstruire. Un peu comme on recueille un oiseau tombé du nid ou un orphelin qu'on adopte. Oui, ma démarche était peut-être très égoïste. Moi-même, j'avais manqué d'un père. Non pas que mon enfance eût été malheureuse mais, à deux ans et demi, j'avais, paraît-il, dit « Bonjour, monsieur » à l'étranger qui venait de se présenter comme mon papa. Le héros revenait d'Algérie après cette satanée guerre qui l'avait éloigné de ma mère, et je ne l'avais pas reconnu. Comment aurais-je pu ? Devenu ensuite commercial, il s'absentait du lundi au vendredi pour sillonner les routes de France. Il fallait bien faire vivre la famille. J'avais souffert de ce père trop absent. Alors, pourquoi ne pas tenter d'être moi-même celui sur lequel on peut compter ? Celui qui ne partirait jamais ?

Les mois passèrent à ce jeu idiot du « je t'aime, moi non plus ». La bêtise n'a pas d'âge, même si elle est plus pardonnable à vingt ans qu'à cinquante. J'étais obligé de reconnaître qu'il m'attirait. Que dis-je ? Que j'avais des sentiments. Pour la première fois, j'aimais. Sans condition, ni hésitation. Pleinement. Pourquoi lui ? Pourquoi à ce moment-là ? Si Montaigne a dit « Parce que c'était lui, parce que c'était moi », Jules aurait rétorqué : « Arrête de te prendre la tête... » C'est énervant, ces petits jeunes qui n'ont pas toujours tort, même s'ils n'ont pas souvent raison !

Je finis par quitter Paris pour m'installer à Nice. Fuir non pas ce que j'étais en train de vivre, mais plutôt la grisaille et le tourbillon parisiens. J'avais pu acquérir une jolie maison sur les hauteurs de la ville, et je comptais y finir mes jours, comme beaucoup de quinquagénaires prévoient d'apaiser leur arthrite au soleil. Il était temps de prendre le large, de respirer, de m'éloigner. Mes états amoureux s'estomperaient devant un nouvel horizon.

3

J'avais seize ans lorsque je me suis installé à Paris. Moi, Jules, le petit provincial, je découvrais la capitale. Pas seulement pour essayer d'effacer un passé qui, de toute façon, ne cesserait jamais de me coller aux basques, mais pour me perdre dans la jungle étourdissante d'une grande ville – image convenue, certes, mais réalité forte. Dépasser des limites que j'avais déjà largement transgressées depuis longtemps, malgré mon jeune âge. Par chance ou par inconscience, un juge de tutelle m'avait accordé la majorité anticipée.

Sans diplôme, ni référence, ni expérience professionnelle, je ne pouvais miser que sur ma bonne gueule de blondinet « propre sur lui » pour décrocher un petit boulot. Très vite, j'arrivai à trouver un poste de standardiste à mi-temps. J'aurais préféré un emploi à plein temps, mais je n'avais sans doute pas les talents exigés pour l'obtenir. Peu importe, je pus louer un studio en entresol, dans le Marais. Là aussi, il fut assez facile de négocier un arrangement avec le propriétaire sexagénaire : ma caution ne sembla pas lui déplaire.

J'étais enfin seul. Indépendant, après des années passées dans des familles d'accueil où l'on me plaçait désespérément et d'où je fuyais chaque fois. Obstinément. J'avais pour la première fois mon petit « chez-moi ». Mais pour en faire quoi ?

Une tombe, c'en était certain.

À dix-sept ans, j'ai compris que je n'allais pas mourir du sida. Pourquoi la mort ne venait-elle pas à moi ? Pourquoi repousser cette délivrance en prenant ces foutus médicaments qui me sauvaient la vie ? Il y avait là une contradiction. Effectivement, je pouvais survivre, mais arrêter tout traitement était tellement plus simple. Laisser le poison envahir mon corps… Par vice ou par défaitisme ? Pour voir jusqu'où je pouvais défier le destin ? Le contrarier ? Ou profiter des plaisirs extrêmes du sexe et qu'un quelconque dieu de la pharmacie se lasse enfin de me protéger ? Le suicide était en moi, de toute évidence. Et, comme arme, le sexe s'était imposé très vite. D'autant qu'avec mon air juvénile et innocent les vieux vicieux reniflaient en moi la proie idéale, fragile et vulnérable. Ces imbéciles ne comprenaient pas que je pouvais, moi aussi, jouer de leur apparente supériorité. Que je prendrais plaisir à me venger des adultes. M'amuser d'eux. Abuser d'eux.

N'ayant plus rien à perdre, pourquoi ne pas aller jusqu'au bout ? Dans l'interdit, le tabou, le point de non-retour. Tant qu'à en finir, autant vivre la destruction de mon plein gré, en toute conscience. Devenir à la fois l'objet de désir, le manipulateur et le maître.

Paris, ville idéale pour s'adonner au plaisir ! On *y trouve tous les chemins qui mènent à se perdre. Et bien sûr Internet, l'outil magique et gratuit. En quelques minutes, vous laissez une phrase alléchante sur un site de rencontres, vous affichez une photo, pas trop provocante pour ne pas se faire censurer, mais assez explicite pour attirer les pervers, et, enfin, sous un pseudonyme, vous résumez en quelques lignes vos atouts et vos désirs les plus inavouables.*

Au bout de quelques mois, je fus renvoyé de mon poste de standardiste. J'avais osé m'insurger contre les conditions de travail d'une pauvre vieille dame, qui s'esquintait le dos à passer la serpillière à genoux dans les bureaux. « De quoi se mêle ce petit morveux ? » Illico, *on me désigna la sortie. Je n'allais sûrement pas m'abaisser à supplier le costard-cravate au bras long, ravi de se débarrasser du petit pédé. Dans la foulée, mon bailleur me proposa un nouvel arrangement pour que je puisse rester dans le studio qu'il me louait. Ce maquereau m'avait pris pour une marchandise docile. Je couchais avec les hommes, certes, mais c'était à moi de dire oui ou non. Je mis un point d'honneur à refuser son deal.*

Quelques mois plus tôt, j'avais rencontré Lionel. Lui au moins ne me posait pas de questions sur qui j'étais, d'où je venais et où j'allais. Il me fichait la paix, profitant simplement des moments que nous passions ensemble. Tant d'autres me fatiguaient à vouloir me donner des conseils sur tout, à me faire sans arrêt la morale sur ma façon de vivre… Et puis j'aimais bien sa façon d'être. Calme, assez solitaire, à faire ses photos, ses peintures, écrire ses chansons, sans donner l'impression de vouloir posséder les gens, d'avoir une emprise sur eux. Tout comme il n'aimait pas qu'on vienne perturber sa tranquillité.

Sur Messenger, j'annonçai à Lionel que j'étais viré de mon boulot et de mon studio.

« Qu'est-ce que tu vas faire ? me demanda-t-il.

— Je viens te voir ! »

Je me souviens du blanc qu'il y a eu sur l'écran de l'ordinateur. Un espace-temps qui révélait son manque d'enthousiasme.

« Mais quand ? comment ? puis-je enfin lire.

— Demain, par avion… Je n'ai jamais pris l'avion ! »

De nouveau, un long silence. Aucune réponse n'apparaissait. Pourtant, j'avais vraiment envie de voir Lionel. Pour une fois, j'avais envie de la présence de quelqu'un. D'autre chose. De monter dans un avion, déjà. Et puis, peut-être, de tourner une page, de prendre mon envol. Croire en un avenir. En quelqu'un, peut-être.

Tout allait se jouer sur sa réponse.

Et tout a basculé quand j'ai lu ces trois mots : « Je t'attends. »

4

« Tu es prêt ?

— Oui, si on veut...

— Tu me parlais de ton paternel. Tu disais qu'il n'était pas ton vrai père et qu'il soupçonnait son propre frère. En avait-il des preuves ?

— Ma mère s'en est toujours défendue, tout en faisant souvent planer le doute, pour exciter son mari. Ça devait la flatter d'être au centre de l'attention, l'allumette qui mettait le feu à la jalousie des mâles. Lui était convaincu qu'ils s'envoyaient en l'air, tous les jeudis après-midi, où il se rendait à sa réunion hebdomadaire d'anciens syndicalistes. J'étais donc l'objet de la discorde, scruté régulièrement au cas où une tache de naissance, un défaut de fabrication, un indice incontestable feraient pencher la balance d'un côté ou de l'autre. De toute façon, le mal était là. Et mon bourreau ne changerait pas d'avis :

j'étais un fruit pourri. Je lui servais de bouc émissaire, de bouclier, de punching-ball...

Je redoutais les débuts de soirée où mon père commençait à élever la voix, après avoir vidé au dîner une bouteille de piquette. Ma mère surenchérissait en décibels. Connaissant le signal, mes frères et ma sœur regagnaient leur chambre. Il valait mieux pour eux s'isoler, mettre un casque pour écouter de la musique à fond ou s'efforcer de penser à autre chose, la tête enfouie sous un oreiller. Moi, je savais ce qui m'attendait. La salle de bains était mon seul refuge. Un piège sans sortie de secours. J'allais dérouiller.

Au fil du temps, ses aboiements et ses injures me faisaient moins peur. Ses baffes, je ne les sentais plus. Il m'arrivait même de sourire en attendant le coup de latte qui allait me mettre K.-O. Plus rien ne pouvait m'atteindre. Je n'avais même pas dix ans et je me sentais plus fort qu'un colosse, plus solide qu'un rempart, plus impassible qu'une statue de marbre. J'attendais que ça passe. J'essayais de mettre mon existence sur pause, au moins une heure ou deux. Il ne me ferait pas craquer. Surtout, ne rien laisser paraître.

Forcément, arrivait l'inévitable. Dans la chambre où il nous entraînait, ma mère et moi, il commençait à l'insulter, elle. À la menacer. "Tu vas dire de qui il est, ce bâtard ?" Il la bousculait sur le lit. Lui déchirait sa vieille nuisette en Nylon. "Écarte les jambes, salope !" Ma mère, étrangement, ne disait plus rien, bien qu'elle feignît un léger râle de riposte, de temps en temps. Il prenait ma tête dans ses mains. "Regarde, morveux, c'est là d'où tu viens..."

Au tout début, j'avais envie de vomir. La chair était molle, le ventre lacéré de vergetures. Les seins dégoulinaient de chaque côté. Puis, très vite et machinalement, j'exécutais ce qu'il me demandait. Je n'avais plus le choix. Je fermais les yeux. »

Je ne pus m'empêcher de l'interrompre : « Tu veux faire une pause ? » C'était si sordide que je me sentais mal à l'aise.

« Il faudrait savoir ce que tu veux !

— T'as raison. Excuse-moi.

— Les pires moments, c'étaient souvent les jeudis soir, quand le paternel rentrait complètement soûl de ses réunions entre potes de FO. Leurs discussions minables à propos des femmes qui seraient toutes des putes devaient sans doute exacerber sa virilité de coq. Ma mère sentait encore les ébats de l'après-midi. Je suis persuadé qu'elle faisait exprès de ne pas se laver. Immanquablement, l'engueulade commençait dans l'entrée. Je les entendais de la salle de bains. Mon père se dirigeait droit dans leur chambre, à la recherche du moindre indice qui prouverait l'adultère : une tache sur les draps froissés, un mégot oublié dans un cendrier. Mes frères et ma sœur s'étaient déjà barricadés dans leur bunker. Puis il ressortait de la pièce comme une furie en défaisant la ceinture de son pantalon. Il entrait dans la salle de bains. “T'as tout vu, p'tit pervers ! me hurlait-il. T'as même participé ! Ça t'a plu, hein, c'est ça ?” À part sangloter lâchement, je ne réagissais pas. J'endurais les coups de ceinturon.

Un de ces soirs, peut-être plus alcoolisé que d'habitude, il me projeta plusieurs fois la tête contre le lavabo jusqu'à ce que je m'écroule par terre, puis il sauta à pieds joints sur mon ventre. Je me roulai en boule, en position fœtale, pour essayer de me protéger. Les voisins, une fois de plus, n'entendirent rien. Mais ma mère bondit sur mon père par-derrière. “T'es fou, tu vas le tuer !” Il la rejeta d'un revers de bras. Elle tomba violemment sur le carrelage. Dans un bain de sang et de vomi, je m'évanouis. »

***

« Le lendemain, je me réveillai dans une chambre du centre hospitalier de Beauvais. Enfin un lieu où, dès que j'ouvris les yeux, je me sentis en sécurité !

Apparemment, je n'avais que deux côtes cassées, l'arcade sourcilière pétée et la lèvre supérieure fendue. Mais, comme j'avais perdu connaissance, il avait fallu appeler les secours et me réanimer. “Dur de la caboche !”, me dit une infirmière, en constatant les bleus et les plaies disséminés sur mon crâne.

Son visage rayonnait comme celui d’un ange. La douceur de sa voix me fit croire un instant que j’étais au paradis.

“Tu as faim ? Il faut que tu manges, t’es maigre comme un coucou.

— Oui, un peu, balbutiai-je sans trop pouvoir ouvrir la bouche, encombrée de points de suture.

— Je vais t’apporter un plateau… C’est pas du grand McDo, mais c’est mangeable. En attendant, tu vas avoir de la visite…

— De qui ?”, essayai-je d’articuler en me redressant d’un coup, le visage crispé.

Mes côtes me firent si mal que je me rallongeai. Deux messieurs vont venir te demander ce qu’il s’est passé… T’inquiète, ils sont de la police, mais ils sont très gentils.”

Elle me passa la main sur le front. Oui, c’était un ange.

Dans le lit à côté du mien, je remarquai un homme qui semblait dormir. Un détail me parut étrange : ses poignets étaient menottés aux barreaux de son lit. On frappa à la porte et deux hommes en uniforme firent irruption dans la chambre.

"C'est toi, Jules ?", me demanda l'un d'eux. Je hochai la tête. Il s'assit sur le rebord du lit, tandis que l'autre restait debout. "Ben, qu'est-ce qui t'est arrivé, mon bonhomme ?" Je ne savais quoi répondre. Ils m'impressionnaient. Et puis c'était trop long à raconter. J'allais les ennuyer avec mes histoires. De toute façon, ils ne me croiraient pas.

"Alors comme ça, t'as eu un coup de folie, paraît-il ? T'as pété les plombs, comme on dit... On a vu tes parents, ils sont inquiets pour toi, tu sais. Tu t'es fracassé la tête contre le lavabo, et puis t'as sauté sur ta mère, et même que tu l'as fait tomber par terre ! Ton père a essayé de te calmer mais t'étais complètement déchaîné, incontrôlable..."

Mon corps se liquéfiait sur le drap blanc. J'aurais voulu disparaître. Mourir.

"Oui, opinai-je de nouveau, les yeux embués de larmes.

— Faut faire gaffe, mon bonhomme... C'est bon pour cette fois, mais va falloir faire attention. Ça peut mal finir... T'as eu quoi, une mauvaise note à l'école ? Tu t'es disputé avec tes frères ? T'as fait une bêtise ? C'est pas si grave, y a pas de quoi se mettre dans des états pareils... Bon allez, repose-toi. Ça va s'arranger."

Et ils quittèrent la pièce.

J'avais envie de hurler. Mais personne ne m'aurait entendu. Le monde s'écroulait.

Mon ange m'apporta un plateau-repas, que je fus incapable de manger. "Tu vas sortir demain, me dit-elle pour me rassurer. En attendant, il faut que tu reprennes un peu de forces."

Avant de quitter la chambre, elle me fit remarquer qu'il y avait une caméra dans l'angle du plafond et que la fenêtre était condamnée. L'espace était surveillé et spécialement aménagé pour les gens dits "à risques". "C'est pour éviter que tu fasses d'autres bêtises, me prévint-elle, on le verra, sinon."

La lumière du jour commençait à glisser le long des murs. Mon voisin de lit n'avait toujours pas bougé. Je ne voyais que son dos. Tout d'un coup, d'une façon très calme et sans même se retourner, il me dit : "C'est pas comme ça que ça s'est passé, hein ?"

Je pris cette phrase comme une bouée de secours. Ma dernière chance. C'était maintenant ou jamais.

Après un long silence, je me mis à lui raconter ma vie. Mon enfer. Dans le vide, sans doute, mais ça me faisait du bien. Il ne disait toujours rien. M'écoutait-il ? S'était-il assoupi ? Peu importe. Je n'arrêtais plus de parler. Des heures, peut-être. Puis je dus m'endormir à mon tour.

Le lendemain matin, les deux policiers revinrent dans la chambre. "Allez mon p'tit, on te ramène chez toi !" Avant de quitter la pièce, l'un d'eux mit un coup de pied dans le lit de mon voisin : “Alors le pédo, t’as été sage cette nuit ?”

Je quittai la chambre sans même avoir vu son visage. »

***

« Ma mère remercia les policiers de m’avoir raccompagné à la maison. Elle leur proposa même un café en s’excusant de sa tenue légère. Mon paternel regardait un match de foot à la télé. Il parvint pourtant à se lever du canapé pour venir les saluer et, même, les féliciter du professionnalisme dont ils faisaient preuve au quotidien, en étant, qui plus est, si mal payés. Ils acquiescèrent, bien sûr. Mes frères et sœur firent une brève apparition dans le couloir, le temps d’un geste courtois et d’un sourire hypocrite.

“Allez, Jules, dis au revoir à ces messieurs, lança ma mère. Et t’as promis de ne plus recommencer ! Ne vous inquiétez pas, ajouta-t-elle, on va le surveiller, maintenant...”

Et la porte du cachot se referma.

Un calme douteux, du moins inhabituel, régnait dans l’appartement. Mon père ne décrocha pas un mot de toute la journée et ne lâcha pas la télécommande. Mes deux frères le rejoignirent dans le salon pour suivre les prolongations d’un match contre l’OM. Ma sœur Fabienne faisait sans doute ses devoirs dans sa chambre, ou écoutait discrètement de la musique. J'eus exceptionnellement le droit de rester dans la cuisine avec ma mère. Comme d'habitude, elle faisait la vaisselle. Je ne savais pas à quoi m'attendre. J'avais du mal à respirer à cause de mes côtes cassées. En fixant la fenêtre, j'essayais de me souvenir de chaque minute passée à l'hôpital. L'infirmière, la douceur de sa voix, sa main sur mon front. Un ange. Ce monsieur menotté au lit. Je ne savais même pas à quoi il ressemblait. Pourquoi était-il là ? "Pédo", qu'est-ce que ça voulait dire ? Qu'avait-il fait ? Et cette caméra de surveillance ? Était-ce une chambre spécialement aménagée pour les délinquants ou les suicidaires ? Je repensais à ces deux policiers qui avaient gobé toutes les salades de mes parents. Je ne pouvais pas faire le poids contre eux. Jamais je ne m'en sortirais. »

***

« En fin d'après-midi, vers six heures du soir, on frappa énergiquement à la porte. Ma mère sursauta. Même le paternel se leva d'un bond du canapé. Il traversa le couloir d'un pas énervé et ouvrit le battant.

"Monsieur Begot ?

— Oui, répondit-il sèchement.

— Vous êtes bien le père de Jules Begot ?

— Oui, répéta-t-il sur le même ton.

— Nous vous arrêtons."

Trois hommes en uniforme déboulèrent dans l'appartement. Ma mère, affolée, apparut dans le couloir.

"Vous aussi, madame !"

Elle se mit à crier en levant les bras au ciel.

"Ne vous inquiétez pas, les services sociaux vont s'occuper de vos enfants. En attendant, vous allez nous suivre."

J'entrevoyais la scène depuis mon tabouret dans la cuisine puis croisai le regard de mon père, qui me fusilla sur-le-champ. Il n'opposa aucune résistance à son arrestation. Contrairement à ma mère qui continuait à se débattre. Un des trois policiers lui tenait fermement le bras. "Nous vous arrêtons pour maltraitance sur mineur", continua l'un d'eux.

Deux jeunes femmes entrèrent à leur tour, d'un pas déterminé. Elles passèrent dans les chambres, puis dans le salon et la salle de bains. Je vis mes parents menottés disparaître dans l'escalier de l'immeuble.

"Nous sommes du CCAS, nous dit l'une de ces femmes. N'ayez pas peur, tout va bien se passer. Nous allons vous aider à préparer vos affaires pour quelques jours.

— Tu es Jules ? me demanda très gentiment l'autre.

— Oui, répondis-je, toujours assis sur mon tabouret.

— Tu sais pourquoi on est là ?

— Non...

— Bien. On est là pour te protéger. Et tu sais comment on sait qu'il faut te protéger ?

— Non...

— Un homme a dit à une infirmière que tu avais des problèmes à la maison et qu'il fallait t'aider, et qu'on ne devait pas écouter les autres. Que toi, tu disais la vérité... Alors, si ça ne t'ennuie pas, avec tes frères et ta sœur, on va vous emmener dans une autre maison, pour quelque temps. Vous y serez tous les quatre en sécurité. Mais d'abord, il va falloir que tu me racontes tout ce que le monsieur a entendu et qu'il a répété à l'infirmière. Tu es d'accord ?

— Oui, madame !" »

***

« La salle d'audience du tribunal me parut immense, et la distance à traverser infranchissable. Dès la grande porte en bois, je crus ne jamais pouvoir avancer d'un pas. Il le fallait, pourtant. Affronter les regards de toutes ces grandes personnes assises sur des bancs inconfortables. J'aperçus mes frères, la tête baissée. Seule ma sœur me regarda ; son visage était pâle mais affichait une certaine tendresse. Sur l'estrade, derrière un grand bureau, chuchotaient tous les gens dont on m'avait parlé : le juge, un greffier, deux autres hommes en robe noire et trois policiers. J'avançai lentement. "N'aie pas peur, tout va bien se passer", me répétait la femme de l'Assistance publique qui m'accompagnait. Ma mère était assise au premier rang. Mon père se tenait debout, à côté de son avocat.

Un jour, quand je serai grand, j'aiderai tous ceux qui en auront besoin. Je serai justicier. J'aurai une voiture avec des ailes et, dès que quelqu'un sera malheureux, je viendrai le consoler. J'aurai plein d'animaux aussi. Eux, ils ne se plaignent jamais, mais, moi, je sais quand ils ne vont pas bien. Ça se voit dans leurs regards. Et, après, ils vous rendent tous les bisous qu'on leur a donnés. Par des léchouilles bien sûr, puisqu'ils n'embrassent pas avec leur museau. C'est mal de les taper. Ça les rend méchants. Comme les gens, d'ailleurs… Et puis, quand j'aurai l'âge, je me marierai. Avec une aussi jolie dame que l'infirmière. Elle, elle sait quoi dire quand on est malade. Sa voix est douce comme du miel. Si on a des enfants, ils auront un vrai lit. Faudra que je gagne de l'argent pour qu'ils aillent à l'école. Je ferai vétérinaire. Et si je travaille beaucoup, on partira en vacances tous les ans. On ira à la mer. Il paraît qu'il y a d'autres gens de l'autre côté des vagues. Et que beaucoup sont malheureux : il faudra leur rendre visite. J'espère qu'ils aiment les animaux, eux aussi... Ma future femme sera si belle qu'elle ne fera jamais la vaisselle. Et je l'aimerai tous les jours, et les nuits aussi, pour ne pas la laisser toute seule. On achètera peut-être une maison, mais pas trop grande quand même ; après, il y a trop de ménage à faire. Et on écoutera de la musique. Tout le temps. Peut-être qu'on dansera, si elle veut. Nos enfants apprendront à jouer du piano. Ou de la batterie, même si ça fait beaucoup de bruit. Il faudra que j'achète un costume, avec une cravate, mais pas de bretelles. Je serai un beau mari. Elle sera toujours fière de moi, mon ange...

"Levez-vous, monsieur Begot. Vous êtes condamné à six mois de prison ferme. Madame Begot, le jury a été plus clément : trois mois avec sursis. L'audience est levée."»

5

Lorsque Jules venait chez moi pour une séance photo, il ne prononçait pas un mot. J'aurais pu croire qu'il était muet. En revanche, une fois rentré chez lui, un flot de phrases incohérentes inondait mon écran, tel un raz-de-marée. Il avait une opinion sur tout et la critique acerbe. Les hommes politiques, l'injustice, les animaux martyrs, la crasse des saunas parisiens, le clochard qui dormait dans son immeuble, l'adultère, son supérieur hiérarchique… le monde entier en prenait pour son grade. Avec, bien sûr, des fautes d'orthographe tous les trois mots. Je lui demandais pourquoi il n'avait pas décroché la mâchoire entre deux poses. « Il y avait de la poussière sur ta table », m'écrivait-il. Je devais me contenter de cette réponse.

Jules, c'est vrai, était d'une propreté et d'une hygiène exemplaires, voire obsessionnelles. Le jean, tee-shirt ou chemise toujours impeccables, la coupe de cheveux quasi militaire. À Nice, il prenait deux douches par jour, et chacune durait une heure. C'en était suspect.

Nice. Là où j'ai vécu les six plus belles années de ma vie et ma seule grande histoire d'amour. Dès l'arrivée de Jules à l'aéroport, j'ai su que mon existence ne serait plus la même, mes habitudes de presque quinquagénaire à jamais bousculées. Alors que je monologuais dans la voiture qui nous ramenait à la maison, je me sentais étrangement bien, vivant, serein. Même si je savais qu'il avait été viré de chez lui et de son travail, il me plaisait de croire que c'était pour moi qu'il avait fait le voyage et tout largué de sa vie parisienne, en à peine quarante-huit heures. Jules n'était pas du genre à se forcer par intérêt ; il devait éprouver une certaine affection à mon égard.

Il n'était descendu qu'avec un sac de vêtements et son ordinateur portable. Rien d'autre.

Oui, mon quotidien de célibataire égoïste devait lui faire une place, pour cette aventure à deux. Mes nuits également. Moi qui ne supportais pas la présence de quelqu'un sous la couette, je devais mettre fin au plaisir de m'étaler tel un gros chat au milieu du lit. Mais comment expliquer cette magie qui fait que, brusquement, on ne peut plus se passer de l'autre pour s'endormir ?

Emboîtés en cuillères, je respirais sa nuque, ou lui la mienne. Quelle est cette alchimie qui soude deux êtres humains, simplement grâce à la peau ? Son odeur, son toucher, son grain, sa chaleur… Certains parlent d'attraction naturelle, due aux phéromones ou autres substances que produit le corps, et qui s'estompent avec le temps… Mais, pas une nuit en six ans, je ne me suis lassé de sa peau.

***

Jules passait des heures dans la piscine mais, à l'arrivée de l'automne, la température de l'eau refroidissait toute envie de détente ou de jeux aquatiques. Je décidai donc d'acheter un jacuzzi. S'il est une acquisition dans ma vie qui fut amortie au-delà de toute espérance, c'était bien ce grand caisson aux eaux tourbillonnantes, installé sur la terrasse. Du 1er janvier au 31 décembre, qu'il pleuve, qu'il neige, qu'il vente ou qu'il fasse nuit, le bruyant bain à remous n'eut aucun répit, à en craindre que ne finissent par pousser des écailles et des branchies à mon Poséidon.

À quoi pouvait-il penser, ainsi immergé des heures durant dans son élément favori ? Je ne posais pas de questions ; de toute façon, je n'aurais pas eu de réponse. Je remarquais seulement qu'il trafiquait de moins en moins avec ses doigts les petits bouts de plastique qui emballent les paquets de cigarettes. Il commençait même à formuler des phrases complètes. J'avais l'impression d'apprivoiser peu à peu un animal sauvage. Il prenait lentement confiance. Nous allions au restaurant, parfois dans des bars. Je ne dirais pas que sa conversation devint envahissante, mais il parvenait à gagner en assurance, à en dire un peu plus que « oui » ou « non ». Je ne le brusquais pas ; je le laissais venir.

En dehors du Jacuzzi, il passait beaucoup de temps sur son PC. Il se révélait même assez doué en informatique, en tout cas plus que moi – ce qui n'était pas très difficile. Question de génération.

Il regardait des films, des vidéos, discutait sur Internet, consultait des sites… Je n'ai jamais fait intrusion dans sa bulle. Je la respectais comme il respectait le fait que je m'isole pour écrire des chansons. Je pense même qu'il éprouvait une certaine admiration pour quelques textes que j'avais commis. Mais il ne le disait pas.

S'il commençait à exprimer certains sentiments, le silence redevenait une chape de plomb dès lors que je faisais allusion à son passé, à son enfance, à ses parents. Insister l'aurait fait se refermer comme une huître.

***

J'avais quelques amis à Nice, avec qui j'avais gardé le contact depuis que je venais tous les ans à Saint-Raphaël. Michel, Koka, Romain... Nous nous retrouvions chaque été sur les mêmes plages varoises. Et, avant que je m'installe dans le Sud, nous prenions régulièrement des nouvelles les uns des autres.

Je voulais leur présenter Jules, bien sûr. Il faisait partie de ma vie, maintenant. Le plus laborieux fut que Jules acceptât de les rencontrer. Je ne m'attendais guère à un échange exubérant ni à un festival de blagues potaches dès le premier dîner, mais mon amoureux ne leva pas le nez de son assiette de toute la soirée. J'avais prévenu mes hôtes qu'il n'était pas très démonstratif, mais ils n'imaginaient pas à quel point. Ça frôlait l'incorrection. Le lendemain, par texto, on me souhaita bon courage...

L'amour et l'amitié ne font jamais bon ménage. Le jeune homme que j'aimais ne comprenait pas que je puisse encore voir ces « ringards » qui, d'après lui, profitaient de ma gentillesse, et les amis comment je pouvais craquer pour un fardeau schizophrène qui ne me correspondait en rien. Inutile de ramener ma science sur les phéromones pour me trouver des excuses ou me justifier.

Chacun campait sur ses positions, les jugements resteraient définitifs.

***

La deuxième bonne idée que j'eus, après celle du Jacuzzi, fut de proposer à Jules de passer son permis de conduire. Que n'avais-je eu cette illumination plus tôt ?

Dès le lendemain matin, il prit rendez-vous avec l'auto-école la plus proche. Pour quelqu'un que je n'avais jamais vu ouvrir un bouquin, le Code de la route devint une bible qu'il apprit par cœur en quelques jours. À l'examen : zéro faute. Et pour la conduite : reçu du premier coup.

Je n'avais pas envisagé d'acheter aussi vite une seconde voiture, mais une promesse reste une promesse. Monsieur le jeune conducteur désirait une Volvo d'occasion. « C'est du solide, incassable. Rien de plus sûr ! » J'arrivai quand même à le faire changer d'avis sur le char d'assaut qu'il convoitait et lui dénichai un Toyota RAV4 qui avait peu roulé.

On n'imagine pas à quel point ces engins peuvent ouvrir les voies de la liberté. Pour la seconde fois, je vis le bonheur dans ses yeux et un sourire se dessiner sur ses lèvres.

J'aurais fait n'importe quoi pour revivre ça.

***

Oui, ce furent les plus belles années de ma vie et de notre couple. Issu d'une famille de joueurs invétérés – et forcément ruinée après trois générations obstinées à faire tourner la chance –, je fis découvrir à Jules les casinos. Je n'étais pas très fier de cette initiative hasardeuse, mais l'atavisme reprit le dessus. La magie de ces endroits de débauche est de faire croire que l'argent n'existe plus et qu'on s'y amuse comme des enfants, avec des jetons en plastique. Peu importe si l'on en perd puisque ce ne sont pas de vrais billets, et tant mieux si on les accumule au détriment des autres joueurs, de plus en plus grimaçants. Et puis, les croupiers se montrent toujours d'une extraordinaire amabilité envers les gagnants aux pourboires généreux. Mais la cruelle réalité vous rattrape irrémédiablement au passage en caisse. Par chance, Jules finit par découvrir, au bout de quelques mois, que, mathématiquement parlant, le casino ne pouvait qu'être le gagnant – ce que tout joueur se refuse à croire, même si on le lui prouve par A + B. Une mauvaise série à la roulette le dissuada d'y remettre les pieds et, du coup, empêcha que j'y retourne perdre notre argent.

Puis arriva le temps des voyages. Le plaisir de rêver aux plages de sable fin et aux bungalows magnifiquement posés devant des lagunes turquoise. De compter les jours qui précèdent le départ pour le paradis. De préparer sa valise en hésitant entre maillot de bain ou short de surfeur, et de remplir la trousse de toilette de produits solaires, comme s'il n'en existait pas sur place. Notre première destination fut Saint-Martin. Chambre avec vue sur mer, minibar, connexion Internet, lit king size et bon de réduction pour un massage à l'espace zen avant le déjeuner...

Je vis les yeux de Jules briller de plaisir en s'installant dans le Boeing 747. C'était la seconde fois de sa vie qu'il prenait l'avion. Là, pourtant, ce n'était pas pour un misérable Paris-Nice sur un siège inconfortable, mais une longue distance dans un immense paquebot aérien et – cerise sur le gâteau – en première classe. Nous allions dîner à bord, puis regarder le film de notre choix. Comble du luxe : une pochette remplie de produits hydratants, de chaussettes de confort et d'une couverture pour le voyage nous fut offerte. Les touches tactiles permettant d'orienter son fauteuil dans la position souhaitée n'eurent rapidement plus de mystère pour l'explorateur émerveillé, qui s'absorba ensuite dans la contemplation de l'hôtesse qui distribuait, tout sourire, une petite serviette roulée en boudin, qui ébouillantait immanquablement les mains de chaque passager, avant de revenir nous proposer une coupe de champagne. « C'est leur travail de voyager tout le temps ? », me demanda Jules à l'oreille. Je confirmai. « Et elles sont payées pour ça ? » Je confirmai de nouveau. « C'est mieux que d'être infirmière ! »

Six mois plus tard, nous nous envolions pour les Maldives. Son sable fin, ses eaux turquoise, ses bungalows... À croire que l'éden n'a qu'un seul visage et que nous aurions pu recycler les cartes postales de Saint-Martin que nous avions oublié d'envoyer. Mais, cette fois, Jules ne se laissa plus avoir : nous achetâmes la crème solaire à la boutique de l'hôtel. Et après avoir passé en revue la vue sur le lagon, le minibar, la connexion wifi, le lit king size... il remarqua qu'il manquait l'après-shampooing dans la salle de bains. « Au prix que ça coûte, ils pourraient faire un effort... »

Oui, ces années furent délicieuses. Inconscientes, joyeuses. En harmonie avec l'idée que je me faisais du bonheur.

Je me sentais à ma place, utile à quelqu'un, que je rendais heureux.

6

Jamais je n'aurais pensé posséder un jour une voiture. J'aurais même pu vivre dedans, si elle avait été améliorée, bien sûr. Un van, une fourgonnette, un de ces véhicules avec un lit à l'arrière et une machine à café, ou même un réchaud pour pouvoir cuisiner. Être indépendant. Aller n'importe où, s'arrêter quand on veut. Je l'aurais aménagée à ma façon car, forcément, elle n'aurait été qu'à moi, avec une carte grise à mon propre nom. Je l'aurais entretenue comme la prunelle de mes yeux. Toujours nickel, à l'intérieur comme à l'extérieur. Oui, je serais allé où bon m'aurait semblé et jamais au même endroit. Surtout, n'habiter nulle part. Tiens, demain, je serais parti au bord de la mer, y manger des moules-frites. Ou vers Toulouse : on dit que, là-bas, le cassoulet n'a rien à voir avec celui en boîte. J'aurais pris mon temps sur une nationale.

Non, l'autoroute. En fait, je me serais décidé au dernier moment. C'est ça, la vraie vie, ne rien prévoir.

Il m'aurait fallu gagner un peu d'argent pour l'essence. J'aurais fait des petits boulots. Ça ne m'aurait pas dérangé. Mais rien de fixe. Je tiens à ma liberté. Si vraiment j'avais été dans la dèche, j'aurais pu demander un peu d'argent à Lionel. Il m'en aurait donné. Je sais qu'il m'aimait. En tout cas, comme j'étais. Il ne me voulait jamais aucun mal. Moi, je commençais à éprouver doucement des sentiments.

On aurait pu croire que je profitais de lui. Un petit jeune avec un homme beaucoup plus âgé : ça semblait évident. Certes, il m'avait offert tout ce qui pouvait me faire plaisir, mais jamais je ne me serais abaissé à quémander quoi que ce soit. J'étais bien trop fier pour ça.

Qu'avais-je, moi, à lui donner ? Mon mauvais caractère ? Mes silences hermétiques ? Mes abysses de blues et mes colères volcaniques ? Je crois qu'il n'attendait rien.

Fallait-il que sa patience soit sans limites et qu'il n'ait pas besoin de remerciements ou de gratitude...

C'était une chance, car beaucoup de provinciaux lui couraient après, en raison de sa notoriété. Si M. Florence pouvait leur donner un coup de pouce, leur présenter un producteur, décrocher un rendez-vous à Paris, les introduire dans le showbusiness par n'importe quelle porte ou minuscule entrebâillement... Tous offrant de coucher avec lui, pour un texte de chanson. Ces pauvres imbéciles pouvaient toujours rêver ! J'avoue pourtant avoir été parfois jaloux. Mais ça passait très vite. Lionel n'était pas dupe de ce petit manège autour de lui, et il n'aurait pas mis en danger notre relation pour deux ou trois brailleurs en herbe en quête d'une faveur.

***

Mon papier rose en poche et le carrosse en main, je me serais sans doute évadé sans vergogne, quelques années plus tôt. Tout plaquer. Qu'on me fiche la paix. N'avoir de compte à rendre à personne. Mais je commençais à me sentir bien où j'étais, et avec qui j'étais. Pour la première fois, je n'avais plus envie de fuir. Alors, tant qu'à rester, pourquoi ne pas envisager de me rendre utile, de servir à quelque chose ?

Le genre humain m'avait jusque-là tellement déçu, à qui d'autre qu'au monde animal pouvais-je donner l'affection qui m'avait cruellement manqué ? Je me reconnaissais tellement dans un chien, ce « mange par terre » que je fus durant toute mon enfance. Ce bâtard qui aboie au désespoir sans parvenir à se faire entendre, jusqu'à ne plus ouvrir la gueule. Je me devais d'être à leur écoute. Les comprendre juste en échangeant un regard. Avec cette complicité instinctive qui se passe d'explications.

Je contactai la SPA locale, leur proposai mes services bénévolement. Très rapidement, on me proposa la mission d'aller contrôler des animaux, dont plusieurs lettres anonymes avaient dénoncé le mauvais traitement. Tel Zorro sur son cheval, je me rendais sur place avec mon RAV4. J'interrogeais les concierges, tentais de vérifier rumeurs et témoignages, toquais aux portes afin de confirmer ou non le bien-fondé de ces suspicions. Je tombais parfois sur le coupable. J'arrivais à m'introduire dans un intérieur miteux qui sentait le fauve et l'urine. J'osais prendre discrètement des photos de gamelles vides sur des balcons où virevoltaient des dizaines de mouches. Certains me menaçaient d'un face-à-face avec leur pitbull. D'autres me jetaient dehors manu militari. *Je leur signifiais qu'ils encourraient une procédure judiciaire qui risquerait de les expulser de leur taudis. Rien ne me faisait peur. À eux non plus, malheureusement. J'étais un justicier incorruptible, entièrement dévoué à la cause. Animé par le sens du devoir jusqu'à faire trop de zèle. Des plaintes pour abus de pouvoir finirent par s'empiler sur le bureau du président de l'association. On me remercia sans sommation.*

Serais-je un jour compris ?

Je m'orientai vers le Secours populaire français. À Beauvais, une antenne pour les plus démunis existait depuis longtemps ; ma mère s'y rendait chaque Noël afin d'y récupérer des cadeaux gratuits à mettre sous l'affreux sapin artificiel. Mais seulement pour mes frères et sœur, bien sûr.

Là aussi, on m'accueillit à bras ouverts. « C'est beau, la jeunesse qui prend conscience des inégalités sociales et compatit à la pauvreté », pus-je entendre. On m'attribua d'abord quelques tâches secondaires pour tester mon investissement et ma détermination, telles que servir des soupes à des vieillards honteux qui n'osent pas vous regarder dans les yeux.

« Encore du chou ! se plaignaient certains habitués.

— Tu fais le difficile, en plus ?! Va voir l'abbé Pierre, si tu veux du caviar », répondaient les plus anciens bénévoles, pas toujours sur le ton de la plaisanterie.

Puis on me demanda de faire le tri dans des sacs-poubelle débordant de vêtements récoltés à gauche à droite, qui permettaient de rhabiller de la tête aux pieds des familles entières. « M'sieur, y a un trou dans le pull ! », « Vous n'avez pas la taille du p'tit, ou dans une autre couleur ? ». Au début, les nouvelles recrues s'excusaient gentiment mais, très vite, elles renonçaient à répondre.

Les dirigeants de l'association s'aperçurent que mon RAV4 serait d'une grande utilité pour transporter tous ceux qui n'arrivaient pas à se déplacer. Je devins le taxi officiel des plus nécessiteux, des moins valides, des isolés. On m'attribua aussi le rôle de collecteur d'encombrants, susceptibles d'être revendus. Le coffre et la banquette arrière ne désemplissaient plus. Jusqu'au jour où l'on me fit remarquer que je trimballais trop d'Arabes et d'objets inutiles. « Il faut sélectionner, me dit-on fermement. Si tu vois une burka, ne la laisse pas monter... Pareil pour les cochonneries. Fais attention à ce que tu rapportes. C'est pas les Emmaüs, ici, et on n'est pas au souk ! » Même dans le dévouement, il ne fallait pas totalement s'oublier. Mais mon don à moi était total. Je ne pouvais m'en sortir qu'en entrant dans la misère des autres. Complètement.

Je n'y retournai jamais plus.

7

« Comment as-tu vécu le procès de tes parents ?

— Je ne sais pas. J'étais ailleurs. Je me rappelle être entré dans la salle d'audience puis, tout à coup, avoir entendu le verdict. On m'a sans doute appelé à la barre, avec beaucoup de prévenance, pour raconter mon calvaire. Je n'avais que onze ans. La dame de l'assistance sociale m'a lâché la main mais ne m'a plus quitté des yeux. Je pense avoir répondu à toutes les questions, même celles qu'osaient à peine poser le juge d'instruction et la partie civile. Quelques membres du jury ont dû s'essuyer discrètement les yeux en écoutant l'abomination des détails. Forcément, les rapports médicaux ont accrédité la thèse que je n'avais pu me fracturer bras, clavicules et côtes par accident. Les psychologues ont confirmé mon état mental perturbé par un "encadrement familial nocif et violent". Puis on s'est interrogé sur le fait que je ne sois jamais allé à l'école et sur l'incroyable aveuglement dont avaient fait preuve médecins urgentistes et services sociaux. Comment était-ce possible à notre époque ? Tout ça pour conclure à un malheureux concours de circonstances. Un regrettable enchaînement d'erreurs, non excusables bien sûr, mais force était de reconnaître qu'aucun système n'est infaillible. Tout le monde – et personne – en était responsable.

« Je crois me souvenir de l'embarras de mes frères et sœur, contraints de témoigner. Les trois ont été appelés à la barre. Leur fallait-il me défendre ? ou faire condamner leurs géniteurs ? Je ne leur en ai pas voulu d'être sans courage. Et je ne souhaitais pas nuire à leur avenir. Ils n'étaient pas fautifs, excepté d'avoir eu si peur des représailles qu'ils en étaient venus à totalement m'ignorer. C'est fou, cette faculté qu'a le cerveau d'occulter ce qui le dérange. Comme une sorte d'autoprotection... Étant encore mineurs, ils échappèrent à la condamnation de non-assistance à personne en danger.

— Et après le verdict, que s'est-il passé ?

— Mon père a été conduit dans une cellule du tribunal, en attendant son transfert à Bonne-Nouvelle – le drôle de nom de la prison de Beauvais. Ma mère, après avoir hurlé à l'injustice et craché sur le jury, refusait de quitter la salle. Elle fut assignée à un suivi psychiatrique, avec interdiction d'approcher ses enfants. Quant à mes frères, ma sœur et moi, l'Assistance publique se chargea de nous emmener dans les deux familles d'accueil qui nous attendaient. Afin, soi-disant, d'éviter toutes représailles ou règlements de comptes entre nous, il leur avait semblé préférable qu'on m'éloignât d'eux. Il fallait nous séparer. »

***

« Tu verras, ils sont très gentils », me dit la femme qu'on me présenta et que je dus suivre. Elle m'invita à prendre place dans sa voiture. Je remarquai sur la banquette arrière un sac en plastique. « Ce sont quelques affaires pour toi, continua-t-elle. C'est du dépannage, mais c'est déjà ça ; j'espère qu'ils sont à ta taille… Je disais donc, c'est dans une très belle famille que tu vas… Au fait, moi, c'est Odile. Et toi Julien, je sais.

— Non, Jules, rectifiai-je.

— Ah oui, pardon ! C'est un bien joli prénom, mais tellement… tellement rare pour un garçon de ton âge. »

Le trajet me parut très long. Nous finîmes par nous arrêter devant une maison qui me sembla immense. Mon chaperon frappa à la porte. On lui ouvrit.

« Nous voilà ! s'exclama-t-elle joyeusement. Je vous présente notre petit Julien…

— Non, Jules !

— Ah oui, c'est vrai… Et voilà ta maman Suzanne. »

J'avais tellement envie de faire demi-tour ! *S'il vous plaît, ne me forcez pas à dire bonjour.* Et surtout qu'on ne me demande pas de sourire.

« Bon, je vous laisse. J'ai encore de la paperasserie à faire au siège, pour le placement du petit. On nous en demande toujours plus, ça devient pénible… Merci pour tout, Suzanne ! Tu verras, Julien, tu vas être comme un coq en pâte, ici. »

***

Mais qu'est-ce que je faisais là ? Dans l'entrée, on m'indiqua où accrocher mon blouson. Pas sur n'importe quel portemanteau : celui de droite, le mien. À l'étage, on me montra la chambre où je dormirais avec les trois fils de la famille. Dans des lits superposés. La couche du haut. Puis on m'ouvrit la porte de la salle de bains. Je ne voulus pas y entrer.

« C'est bientôt l'heure du dîner. Tu aimes le poulet, j'espère ? », dit dame Suzanne. Je ne répondis pas mais hochai juste la tête. D'ailleurs, je ne décrochai pas un mot de toute la soirée. Lorsqu'on me posait des questions, je me contentais de petits mouvements de nuque, comme les chiens articulés sur les plages arrière des voitures.

« Il est muet ? demanda l'un des garçons à table.

— Ne l'embêtez pas ! dit la dame. Bon, et puis, il est l'heure d'aller se coucher. Tout le monde va se brosser les dents et au dodo… On va te donner du dentifrice : j'ai vu que tu n'avais pas grand-chose dans ton sac. »

Je suivis le mouvement. Puis enfilai un pyjama dont les rayures s'apparentaient à celles d'un bagnard.

« On a tous fait pipi ? Bien. Extinction des feux. »

À peine la lumière éteinte et la porte refermée, les trois adolescents entourèrent le lit supérieur, où j'étais allongé, et s'accoudèrent sur mon matelas :

« Alors, c'est vrai qu'on t'a battu ? Il paraît que ton vieux est en taule à cause de toi…

— Putain, c'est cool ça !

— Dis pas de conneries, il va se venger en sortant… Et ta reum, elle se faisait taper dessus aussi ? »

Je ne disais rien.

« Ben raconte ! Tu t'es retrouvé à l'hosto ?

— On a entendu dire que t'avais jamais été à l'école…

— Wouah, quelle chance ! C'est pas à nous que ça arriverait.

— T'as des cicatrices quelque part ? Vas-y, montre ! »

J'enfouis ma tête sous l'oreiller pour ne plus les entendre et me retournai contre le mur.

« Ah, t'es pas drôle ! »

***

Le lundi suivant, c'était la rentrée, après les vacances de la Toussaint. Le plus jeune devait m'accompagner et me présenter au professeur principal, qui était déjà informé de ma venue. J'avais l'âge d'être en sixième. Pour l'occasion, on m'affubla d'un pantalon neuf et d'un pull sans trou. Mais je n'avais pas de cartable, contrairement aux autres. « Ne t'inquiète pas, on va te trouver du matériel ! », me lança le conseiller d'éducation. Dans la file où nous étions tous en rang en attendant d'entrer dans la salle de classe, j'entendais les chuchotements dans mon dos :

« C'est le nouveau, il est orphelin...

— Non, il paraît qu'il a tué ses parents !

— N'importe quoi, il est de la DDASS.

— Taisez-vous ! »

Avec Jérémy, mon guide imposé, le benjamin des trois frères de ma famille d'accueil, je me retrouvai au premier rang. Pourquoi ne m'avait-on pas laissé m'asseoir au fond, tranquille, transparent ? Le professeur fit l'appel. Heureusement, il avait pour consigne de me ficher la paix. Malheureusement, il enseignait les mathématiques. Autant, pour la lecture, et un peu pour l'orthographe, j'aurais pu tendre l'oreille et suivre vaguement, mais je ne savais ni multiplier, ni diviser, ni même additionner tous ces chiffres qu'il écrivait au tableau.

Les meilleurs s'empressaient de lever le doigt pour donner la réponse aux opérations demandées. « Moi, monsieur ! », « Moi, monsieur ! », Moi, rien du tout. Et ils insistaient, comme pour m'humilier davantage.

À la récréation, les plus grands, ceux de troisième, commencèrent à me tourner autour. J'étais la nouvelle attraction, l'animal sauvage à domestiquer. Ou la proie idéale pour les prédateurs en herbe. Je paraissais si faible, si passif.

« On va en faire ce qu'on veut, de ce petit morveux...

— Il est muet, on dirait.

— Une crevette doublée d'une bonne gueule de tapette !

— Pas bizuté encore, on va s'en occuper. Je le verrais bien à genoux, celui-là. »

Les rires fusaient. La sonnerie mit fin à l'escalade verbale.

Le cours d'anglais ne fut guère plus concluant que celui de mathématiques. Je vécus le même enfer, dans un langage différent. « *Sit down, please ! We are monday today. Did you learn your lessons ?* » Je renonçai définitivement à tenter le moindre effort pour jouer au bon élève.

En revanche, ce jour-là, je découvris le sublime royaume aux mille plaisirs qu'on appelle la cantine. Muni d'un plateau que je n'aurais lâché pour rien au monde, je m'insérai dans la file du bonheur. Je suivais Jérémy. « Beurk, fit-il, encore des œufs mimosa ! » Comment osait-il dire ça ? Moi, j'hésitais entre la salade de pommes de terre qui me faisait de l'œil et le céleri râpé. Si seulement j'avais pu prendre les deux... Nous avancions doucement, à la queue leu leu, quand, sous mon regard hébété, d'énormes plats en inox défilèrent tel un tapis divin. Jusqu'à m'entendre dire : « Viande ou poisson ? » Oui, on allait me servir ! Et, en plus, j'avais le choix ! « Viande... », balbutiai-je timidement. Une fée couronnée d'une charlotte en plastique déposa un steak haché dans mon assiette. « Légumes ou purée ? » Je crus rêver. Nouveau dilemme. « Les deux », osai-je enfin. La fée ne put s'empêcher de sourire, avant d'inonder mon écuelle de généreuses portions. Je n'en revenais toujours pas : il suffisait de demander !

« Et le merci, c'est pour demain ? me balança la fée.

— Merci, madame, bafouillais-je de nouveau.

— Tu es muet quand ça t'arrange », me fit remarquer Jérémy.

Puis, après quelques pas, vint l'apothéose, le feu d'artifice, le paradis sur terre : les desserts. Crèmes caramel, salades de fruits, yaourts et riz au lait s'étalaient devant moi de façon éhontée. De la pure provocation. Mon plateau était bien trop petit. Mes yeux exorbités scannaient le monde du plaisir qui m'était jusque-là inconnu. Vers où aller ? Lequel allais-je engloutir ? Serais-je puni si j'en prenais deux ou trois ?

Je finis ce fabuleux parcours en ajoutant quatre morceaux de pain sur le trésor que je portais à bout de bras... J'adorais l'école !

***

Après un après-midi infiniment ennuyeux où, bâillant toutes les cinq minutes, j'étais plus occupé à digérer qu'à m'initier au savoir, une sonnerie de délivrance annonça la fin des cours. Avec Jérémy, nous retrouvâmes ses deux grands frères à la sortie du collège. Le bus scolaire attendait de faire le plein d'élèves pour démarrer. Descendant au dernier arrêt, nous nous installâmes sur la banquette du fond.

Tout à coup, un grand gaillard, qui avait sans doute redoublé plusieurs fois sa troisième, se leva et s'approcha de nous. « Alors, le bâtard, il aime se faire tabasser, paraît-il ? » Le colosse me regardait fixement. Je n'osai bouger. Un autre du même gabarit le rejoignit. « Ben on va s'amuser, alors ! » Un coup de poing envoyé plus rapidement qu'un

Scud me renversa la tête en arrière et me fit saigner du nez.

— Fous-lui la paix ! s'exclama, en se levant énergiquement, Loïc, le plus âgé des adolescents de ma famille d'accueil.

— De quoi tu te mêles ? C'est ton protégé, le morveux ?

— Ne cherche pas la merde ! », ordonna Loïc avant qu'un uppercut lui atterrisse sur le menton.

Son frère se redressa d'un bond. Un coup de boule fit tituber le caïd. Trois de ses sous-fifres se jetèrent sur lui. Deux camarades de mes défenseurs l'attrapèrent par le col et le projetèrent contre une vitre. Du sang dégoulinait sur l'accoudoir.

« Vas-y, pète-lui la tronche ! hurlaient les supporters d'un camp.

— Défonce-lui la gueule ! », scandaient ceux de l'autre bord. Quelques gringalets de cinquième s'aventurèrent à leur tour à jouer les gros bras.

« T'as pas de couilles, osa un téméraire.

— Ta mère, non plus ! », enchaîna un non moins courageux.

Une bagarre générale secouait l'arrière du bus. Les plus petits se planquaient derrière leurs dossiers. Les filles pleurnichaient.

« C'est quoi, ce bordel ? », hurla enfin le chauffeur en appuyant brusquement sur la pédale de freins. Le choc fit valdinguer dans tous les sens les passagers et leurs cartables, puis chacun regagna son siège, en lançant un dernier regard noir et quelques insultes à leurs nouveaux ennemis jurés. Certains élèves descendirent à l'arrêt suivant. D'autres à celui d'après. Il ne restait plus que nous sur la banquette du fond. Mes deux héros se tenaient les côtes et tentaient de remboîter épaules et mâchoires. Jérémy, médaillé d'un bel œil au beurre noir, descendit du bus en claudiquant, et, moi, j'essayais de contenir le flux de sang qui s'écoulait de mon nez.

Dame Suzanne s'affola en nous apercevant. D'abord elle hurla comme une furie, puis nous réconforta, avant de nous passer un autre savon en sortant la trousse à pharmacie.

Tout était ma faute.

***

« Mais tu n'y étais pour rien !

— Ça ne serait pas arrivé si je n'avais pas débarqué dans cette famille.

— Que pouvais-tu faire d'autre ?

— Eh bien, ce que j'ai fait : partir. Je ne me sentais pas à ma place. Trop mal à l'aise. Le calme apparent cachait une tempête… Le soir même, j'ai attendu que tout le monde soit endormi. Le plus discrètement possible, j'ai enfilé un pantalon, un tee-shirt, descendu l'escalier sur la pointe des pieds et pris mon blouson accroché sur son portemanteau. La porte d'entrée était, bien sûr, fermée à clef. Sans faire de bruit, j'ai ouvert une fenêtre du salon que j'ai facilement enjambée puis, après avoir piétiné quelques parterres de fleurs, j'ai sauté la grille et me suis enfui comme un voleur.

« Il faisait nuit noire. Des réverbères m'ont guidé vers ce qui ressemblait à une ville. Au loin, des néons confirmaient la direction à prendre. J'ai marché d'un pas décidé. Une station-service. Des phares de voiture. Une route...

— Mais c'est dangereux, seul, à onze ans...

— Moins dangereux qu'une prison prétendument dorée où je serais toujours resté une pièce rapportée, une curiosité, un encombrant. Pour la première fois de ma vie, je me suis senti libre. Oui, enfin libre. »

8

Nous commencions à avoir une vie sociale presque normale. Restaurants, invitations à dîner, et même quelques parties de cartes avec Michel et Romain. Je voyais Jules prendre doucement confiance en lui. Il s'était fait des amis au Secours populaire et à la SPA. Il faut dire qu'il était toujours à leur écoute, plus prompt par nature à prendre parti pour l'opprimé, l'exploité, que pour le chef, le dominateur. Sa vision des relations humaines se révélait forcément simpliste : d'un côté les bons, de l'autre les méchants. Son passé ne pouvait le faire pencher vers l'autorité, qu'il rejetait de façon viscérale.

« C'est vrai, le monde est injuste », lui répétais-je fréquemment. Mais Jules ne pouvait se résoudre à ce constat désespérant.

Il essaya de nouveau de sauver la planète en postulant pour un emploi aidant à la régularisation des sans-papiers de la ville. De nombreux migrants arrivaient d'Italie. Des familles entières, avec des enfants. Il fallait plaider leur cause auprès des services municipaux concernés, faire moult démarches administratives pour que leur soit attribuée une HLM et remplir d'interminables dossiers. La bonne volonté de Jules s'offrait sans limites. Mais la mairie le jugea beaucoup trop fougueux et revendicatif pour le laisser accéder à une telle tâche. En outre, il n'avait aucun diplôme. Même bénévolement, même dans l'ombre, même sans empiéter sur l'efficacité d'un fonctionnaire faussement zélé, on ne lui accorda aucune responsabilité.

Je vis mon Batman en être découragé, blessé, meurtri. Et je m'aperçus aussi que l'on se résignait un peu mieux à l'injustice après quelques cigarettes à rouler. Un petit joint en fin de journée, histoire de se détendre, de retrouver le sourire. De l'herbe, du shit, ça aide à supporter la vie, à dormir aussi. Parfois, je l'accompagnais, afin d'essayer d'être sur la même longueur d'onde, de ne pas faire le vieux ringard qui, choqué, condamne sans connaître. Mais après deux ou trois bouffées, mes poumons rejetaient par toux successives la fumée grisante et ses douces volutes : je n'avais plus vingt ans. Et, surtout, j'étais davantage habitué à trouver du réconfort dans le rosé de Provence, qui nuisait plus à mon foie qu'à ma cage thoracique. À chacun son remède.

Au fil des mois, la cadence de sa consommation du tabac magique s'accéléra. Je ne disais rien. Je préférais voir Jules apaisé qu'en colère.

Tous les gens sérieux vous parlent d'escalade. On ne les écoute pas puisqu'ils sont forcément trop rigides. Pourquoi ne minimisent-ils jamais ? Pourquoi ne peuvent-ils pas entendre que, comme le Prozac, c'est temporaire ? Un remède provisoire pour pallier une mauvaise passe. Malheureusement, ces donneurs de leçons ont toujours raison. Ceux qui viennent du milieu médical vous expliquent de façon scientifique les dégâts que ces substances provoquent sur le cerveau. Irréversibles, affirment les plus radicaux. Ceux qui sont diplômés en psychologie ou en études comportementales mettent l'accent sur les déviances paranoïaques et les risques de désocialisation qu'entraînent ces mêmes produits du bonheur.

Après les drogues dites douces, et d'abord de temps en temps – un week-end sur deux –, de fines lignes blanches apparurent sur un coin de la table basse du salon. Avant de sortir, un petit coup de fouet pour lui ! Une poussée de légèreté qui fait décoller du sol. En quelques minutes, le monde est à sa portée. Plus aucune peur, aucune barrière ne le retient. Plus de frein.

La cocaïne est un fléau délicieux.

***

Certains amis, qui prétendaient me vouloir du bien, se mirent à m'alerter sur le comportement étrange de Jules. On l'avait croisé dans un bar un peu louche. Quelqu'un avait cru le reconnaître dans une backroom. Un autre l'avait invité à passer un week-end à Berlin. Je le laissai partir : il avait le droit de s'amuser, de jouir de la vie, de rattraper un temps perdu. M'être infidèle, quelle importance ? La chair est faible, on le sait. Et quand on aime vraiment, il n'y a plus de place pour la jalousie. Elle s'efface d'elle-même. Je savais qu'il reviendrait.

Ses fréquentations, selon les ragots, semblaient de plus en plus nuisibles. On profitait de lui. Je ne voulais rien voir, rien savoir. Je l'aimais. Aveuglément.

Bien sûr, j'aurais dû réagir. Et comment ne pas m'en vouloir aujourd'hui ? Du manque de clairvoyance. Du gâchis. De la fin.

Qu'aurais-je dû faire ? Ne pas lui laisser le choix ? Lui intimer d'entrer dans tel cadre, d'accepter telle norme arbitraire ? Lui infliger ces conseils que je refusais moi-même d'entendre, lorsque mon père essayait de colmater ses absences ? Lui dire de se méfier des autres, alors que je pense le contraire ? Le convaincre de faire toujours attention, alors que toute expérience – bonne ou mauvaise – vaut mieux que n'importe quel discours de morale et de prévention ? Qu'il faut se retenir de rêver, par peur de tomber de haut ? Non, je refusais d'être ce père-là, cet amant-là, ce compagnon de route-là. Il ne l'aurait ni voulu ni accepté, je crois.

Mes seules fautes sont d'avoir minimisé les dégâts irréversibles, d'avoir cru à une possible rédemption, de ne pas avoir compris que son passé n'était pas le mien. Le sien était irréparable. Tout du moins, il ne le souhaitait pas. Il avait trop goûté au parfum de la fatalité, du tragique. Il avait fini par en avoir besoin, comme d'une béquille, pour ne pas renier totalement le petit garçon qu'il avait été.

Je le sentais s'éloigner. Non pas de moi, mais du monde réel.

Pour l'anecdote, j'eus la très mauvaise idée de vouloir offrir un animal de compagnie à Jules, pour ses vingt et un ans. Sans doute « un substitut d'enfant », vous diraient les freudiens en herbe. J'avais réservé un bébé labrador dans une animalerie de Mougins. Le jour venu, j'allai chercher l'adorable cadeau de deux mois et le ramenai discrètement à la maison. Ne pouvant le faire attendre très longtemps au fond du carton dans lequel il avait fait le voyage, je profitai de l'apéritif pour sortir le chien en clamant : « Bon anniversaire ! » Après un inquiétant silence, Jules répondit froidement : « C'est quoi, ça ? » Je ne m'attendais pas à cette réaction. La petite peluche non plus, sans doute, bien que remuant joyeusement la queue. Je restai debout, avec dans les bras le chiot qui m'urinait dessus. « C'est ton cadeau... », expliquai-je bêtement, le sourire un peu crispé. Jules ne disait plus un mot. Il se leva et partit regarder la télévision. « Avoir l'air bête » est bien l'expression qui me correspondait le mieux, à ce moment-là. Jules revint quelques minutes plus tard.

« Tu l'as acheté ?

— Évidemment. »

Ma naïveté déclencha une avalanche de propos acerbes sur la condition animale, leur exploitation, les éleveurs qui s'en mettent plein les poches, la honte que devraient ressentir les acheteurs, alors que les chenils sont remplis de « laissés à l'abandon ». Le ton montait au fur et à mesure des reproches. J'avais bien raté mon coup ! Il n'était plus question de souffler les bougies en trinquant au champagne. Je n'en dormis pas de la nuit. L'objet de la discorde reposait paisiblement sur sa couverture. Innocent. Le lendemain matin, je décidai de ramener l'animal chez le marchand. Je m'en excusai honteusement : « Il est hors de question que vous me remboursiez ! Je suis tellement désolé... » Je n'osais même pas affronter le regard de la vendeuse, ni du chiot.

La gentille dame, voyant mon désarroi, essaya de me réconforter : « Ça arrive, surtout avec les enfants, le lendemain ils n'en veulent plus. » Ce qui m'enfonça davantage dans l'humiliation que j'éprouvais déjà.

« T'en as fait quoi ? entendis-je en rentrant à la maison.

— Je l'ai rendu. »

Une heure plus tard, Jules prenait sa voiture et disparaissait sans un mot. L'après-midi fut long. Il n'allait tout de même pas me quitter pour un faux pas ! Je ne pouvais pas avoir que des bonnes idées. Une erreur est permise, de temps en temps.

Vers six heures du soir, j'entendis le RAV4 dans l'allée. Soulagé, je vis apparaître Jules, tenant en laisse une grosse masse poilue à quatre pattes. « Elle s'appelle Aya, me dit-il, fièrement. Elle a dix ans, ils allaient la piquer dans trois jours. Voilà mon cadeau d'anniversaire ! »

On aurait dit un berger allemand croisé avec un « je-ne-sais-quoi ». Une bâtarde, obligatoirement. Jules me raconta que tous les chiens du chenil hurlaient à la mort en l'apercevant, comme s'ils suppliaient d'être adoptés, d'avoir un peu d'attention et, pourquoi pas, une seconde chance. Sauf elle. Son regard suffit à en faire l'élue. Résignée, elle ne demandait plus rien. Oui, ces deux égarés ne pouvaient que s'entendre.

Alors que Jules s'épanouissait de jour en jour, j'avais à la maison une nouvelle muraille de Chine à affronter. Je ne sais si l'autisme existe chez les animaux, mais cette pauvre Aya battait tous les records de traumatisme à soigner. Je ne pouvais la caresser ni même l'approcher. Aucun son ne sortait de sa gueule, ni gémissement, ni aboiement. Il semblait impossible de la comprendre, et encore moins de l'apprivoiser. Elle avait dû manquer d'affection, souffrir, être abandonnée, maltraitée. J'en avais déjà fait l'expérience avec un être humain, mais ne pensais pas récidiver avec la gent animale. Une histoire de karma, je suppose… En revanche, Aya ne quittait plus son sauveur. Elle ne mangeait qu'en sa présence, s'allongeait à ses pieds sous la table et ne trouvait de quiétude que collée amoureusement aux chaussettes du héros vautré sur le canapé. Lui pouvait lui faire des papouilles sans qu'elle se rebiffe ni manifeste la moindre crainte. Étais-je encore chez moi ? J'en doutais, parfois. N'est pas maître qui veut.

Heureusement, au fil des mois, je finis par être accepté. La nouvelle reine des lieux avait dû comprendre qu'il nous faudrait faire ménage à trois. Il valait mieux se partager l'homme de notre vie que de semer la discorde par jalousie ou tentative hasardeuse d'exclusivité. Aya, par résilience, devint mon alliée. Sans rancune. Je crois même avoir remarqué dans son regard une lueur de complicité tacite, puis de reconnaissance. Jusqu'à quelques coups de patte de connivence et de tendres frottements de museau. Au fond d'elle, aussi, le besoin d'amour était sans bornes.

9

Je refusais toute aide qui puisse me transformer, me formater. Lionel me suggérait parfois de faire appel à des gens compétents pour avancer, résoudre mes problèmes récurrents, franchir les obstacles autrement qu'avec des substances illusoires.

Mais j'avais rencontré déjà tellement de spécialistes ! Tellement eu d'entretiens avec des assistantes sociales, plus ou moins à l'écoute. Avec tant d'exorcistes en tout genre, des plus affabulateurs aux plus malsains. Tout ce monde qui prétend réparer les âmes, les cœurs, l'enfance, je n'y croyais plus depuis longtemps.

J'avais eu ma période mystique, histoire de trouver une éventuelle issue à mon mal-être. Sait-on jamais ? Que, par miracle, le monsieur sur la Croix relève la tête en écoutant mes plaintes, et guérisse tous mes maux. Je suis allé à l'église, j'ai assisté à des messes, je me suis mis à genoux, j'ai prié, je me suis même confessé… En vain. Je n'ai eu aucune réponse m'expliquant pourquoi j'avais été un enfant martyr. Je n'ai pas perçu le moindre signe d'excuse ou de pardon venant de là-haut. Je n'ai même pas ressenti le plus petit souffle de compassion. L'hypocrisie de certains discours finit même par m'éloigner de la foi.

J'avais connu le Mal. Et même le diable en personne, dans ce qu'il peut avoir de plus mielleux, de plus pervers. L'incarnation de la jouissance de la destruction. Qu'est-ce que Dieu pouvait faire pour moi, sinon me rappeler à Lui en avouant que, de toute évidence, Sa création était foutue ?

Non, la religion n'était pas faite pour moi. J'aurais dû m'en douter lorsque, à l'âge de dix ans, les parents m'emmenèrent voir ma grand-mère à l'hôpital. Il ne lui restait que quelques jours à vivre. Contrairement à mes frères et sœur, je ne lui avais jamais rendu visite. La vieille femme étant très croyante, le prêtre vint lui donner l'extrême-onction. Puis, à la demande de ma mère, je m'approchai timidement du lit et me penchai sur sa joue pâle afin de lui poser un ultime baiser lorsque, brusquement, elle détourna la tête. « Ne m'embrasse pas, s'écria-t-elle, j'ai peur d'attraper le sida ! » Sur le moment, je ne compris pas ce qu'elle voulait insinuer : j'étais trop jeune. Mais, de toute évidence, cette bigote savait que j'étais le petit bâtard pédé de la famille. Même sur un lit de mort, la rancune est tenace.

***

Un soir, j'eus une soudaine crise d'angoisse, une pulsion suicidaire sans raison apparente, qui firent sérieusement peur à Lionel. Il décida de ne pas me laisser le choix. Dès le lendemain, j'irais voir un spécialiste. Il se renseigna sur les plus réputés et prit rendez-vous avec l'un d'eux.

Comment revenir sur mon passé ? De nouveau tout rabâcher ? Tout remuer ? Recommencer depuis le début ?

« Alors ? m'interrogea le psy.

— Alors quoi ?

— Pourquoi êtes-vous là ?

— C'est à vous de me le dire puisque vous êtes payé pour ça ! »

Après un silence et le temps d'écrire quelques notes sur son calepin, le psychanalyste me dit très calmement :

« À lundi prochain. Ça fait 150 euros. »

J'en restai coi. Il aurait fallu être vraiment stupide pour retourner chez ce charlatan. Pour qui se prenait-il ? Je reconnaissais bien là ces vendeurs de miracles à qui on livre toute son intimité. Ils font dix à quinze ans d'études pour se pencher sur vos malheurs et vous arnaquer. Quels escrocs !

Et pourtant, le lundi suivant, j'étais pile à l'heure, dans son cabinet. Comment avait-il osé me mépriser de cette façon ? Se moquer de moi ? Je m'en voulais d'être là.

« Donc ?

— Donc quoi ? demandai-je de nouveau.

— Je vous écoute. »

Quitte à payer 150 euros et devoir passer quarante-cinq minutes face à un inconnu, autant lui balancer tout ce qui me passait par la tête. Très vite, il allait bâiller, puis piquer du nez et enfin s'excuser de ne pas m'avoir écouté. Malheureusement, mon déballage de propos incohérents sembla l'intéresser.

Le mercredi suivant, je remontai le temps jusqu'à mes premiers souvenirs.

Ce crétin m'incitait inéluctablement à me faire parler de ma famille, de mon père, de ma mère. Alors que j'essayais de passer à autre chose, lui prétendait que je ne pouvais avancer sans avoir réglé mes problèmes fondamentaux. Les bases de tout être humain. « Renouer le contact, disait-il. Revenir aux sources pour sortir de l'impasse. »

Après plusieurs séances, j'acceptai de faire un premier pas. « C'est un progrès, me soutenait-il. On va dans le bon sens... Juste deux ou trois jours avec eux. » Par Messenger, je demandai à ma sœur de prévenir nos parents de ma venue.

***

Je me rappelle avoir pleuré toutes les larmes de mon corps, dans le train qui me ramenait de Beauvais. Mon père – qui était revenu à la maison après avoir purgé sa peine et revivait avec ma mère – ne m'avait pas adressé la parole du week-end. Pas un mot. Pas même un regard. Le mépris total. Ma mère m'avait harcelé de questions sur Lionel : était-il riche ? « Il t'a offert une voiture, d'accord, mais est-ce qu'il t'a aussi acheté un appartement ? », « N'oublie pas qu'on t'a élevé ! ».

J'avais dormi dans la chambre de ma sœur. Il m'avait été impossible d'entrer dans la salle de bains. La cuisine sentait autant le graillon que douze ans plus tôt. Mes frères avaient quitté le cocon familial. Le plus grand était marié et sa femme essayait d'avoir un enfant. L'autre cherchait du travail, squattant à gauche à droite. Seule Fabienne vivait encore là, le temps de finir ses études de comptabilité. Elle, au moins, avait eu son baccalauréat.

Le soir, avant d'éteindre la lumière, elle m'avait demandé pourquoi j'avais tout inventé. Comment j'avais pu faire emprisonner notre père. Elle m'avait reproché d'avoir tout exagéré. D'avoir menti. Allez, je n'avais pas été si malheureux, j'avais un foyer. Et puis, tout était ma faute : j'étais un enfant difficile, rebelle. Toujours en guerre contre l'autorité paternelle.

Non, pas elle ! Comment était-il possible d'être aveugle à ce point-là ? De ne rien vouloir savoir ?

Elle à qui j'aurais pardonné le silence. Excusé l'inacceptable. Elle qui m'avait appris à lire et à écrire en cachette. Elle qui m'avait entendu hurler de douleur quand j'avais le bras cassé et le visage tuméfié...

Oui, j'ai pleuré jusqu'à Nice. Non pas sur mon sort, mais sur celui de ma sœur. Sur celui de tous les enfants qui ont vécu la même chose que moi. Sur tous ceux que l'on n'écoute pas. Sur tous ceux qui ferment les yeux, aussi.

Je retrouvai enfin Lionel et Aya. Je savais leur amour à toute épreuve, inconditionnel.

Me voyant anéanti, Lionel essaya de me faire raconter mon week-end chez mes parents. Je ne trouvai pas les mots. Une fois de plus, personne ne pourrait comprendre ce qui me rongeait à l'intérieur, même pas lui. Pourtant, j'aurais accepté de n'importe qui ce sentiment dégradant qu'on appelle la pitié. Pas celle de façade, de consolation. Non. Mais juste qu'on me prenne dans les bras et qu'on me serre fort jusqu'à étouffer ma douleur, la compresser, la faire disparaître.

Je ne retournai plus chez le charlatan. Ce remueur de merdes qui vous embobine à coups de vagues conseils. Ils peuvent s'appliquer à d'autres, fonctionner parfois... J'avais essayé, j'avais obéi. Mais je n'étais pas dupe. Ils ne m'auraient plus.

Lionel me prit dans ses bras en me serrant fort. « Je t'aime. »

10

« Prêt ?

— Prêt !

— Après t'être évadé de ta famille d'accueil, tu me disais te sentir enfin libre…

— Une liberté qui ne dura qu'une nuit. Je m'étais endormi sous un arbre, dans un jardin public. Au petit matin, j'ouvrais les yeux sur deux géants en uniforme marine. Ils me dévisageaient avec un léger sourire. "Eh ben, bonhomme, comme ça, on fugue ?" Je sortis de mon rêve. La réalité m'avait apparemment rattrapé. "Allez, tu vas venir avec nous, boire quelque chose de chaud au commissariat." Bon gré mal gré, je suivis mes deux gardes du corps.

Cela faisait trois bonnes heures que tous les postes de police des environs avaient été prévenus de mon escapade nocturne. Je grimpai dans le fourgon. "On a retrouvé le p'tit !", annonça par radio le conducteur. Son acolyte se tourna vers moi : “T’as fait flipper tout le monde, tu sais.” Je ne disais toujours rien. Une fois au poste, on m’offrit un chocolat chaud. Une dame vint s’asseoir à côté de moi. Elle devait être assez jolie sans cet horrible uniforme, qui peut convenir à un homme mais n’embellit vraiment pas une femme. *C’est peut-être fait exprès*, pensai-je. “Tu as onze ans, c’est ça ?” Je confirmai en hochant la tête. “Tu ne crois pas que tu es un peu trop jeune pour jouer les aventuriers ?... Il s’est passé quoi dans ton petit crâne ?” Devant mon mutisme, elle n’insista pas. “Allez, on va te ramener dans ta famille d’accueil.”

Dame Suzanne n’avait visiblement pas fermé l’œil de la nuit. Sur le palier, elle échangea quelques civilités avec les deux Goliath avant de me faire rentrer dans la maison. “Bon, tu te tiens à carreau, maintenant, me dit l’un des policiers. Promis ?” Je restai sans réaction. “Vous êtes sûre qu’on ne lui a pas coupé la langue ?”

Après un dernier remerciement, elle referma la porte. Je pouvais comprendre sa mauvaise humeur. “On ne va quand même pas t’attacher au lit !”, me balança-t-elle. Parlait-elle sérieusement ? Tout était possible. “Trop tard pour l’école, aujourd’hui”, ajouta-t-elle. Les garçons, malgré leurs hématomes, avaient déjà pris le car pour le collège. “Même pas la cantine ?”, me permis-je de demander naïvement. Qui ne risque rien n'a rien. “Ah ben ça y est, on retrouve la parole !” Je me dis que Jérémy m'avait presque fait la même remarque, la veille, sur le même sujet. “Et puis quoi encore ?” Je m'étais bien douté que sa réponse ne serait guère favorable. »

***

« Qu'allait-on faire de moi ? J'ai dû entendre, cette phrase, des milliers de fois.

La personne chargée du placement en familles d'accueil jugea préférable de me transférer dans un autre foyer. Moins masculin. Comme il n'y aurait pas de garçons, j'y trouverais plus aisément ma place. Je ne serais pas en rivalité avec des adolescents bagarreurs qui cherchent à marquer leur territoire. Encore une psychologue qui avait lu tout Dolto.

De dame Suzanne, je passai aux mains de dame Fernande. Sa bonhomie rassurante me fit penser à ces gentilles mamans qui vous bordent le soir. Je n'en avais encore jamais rencontré mais, dans mon imaginaire, elle pouvait leur ressembler. Son mari, d'un bon quintal, ne travaillait plus. Il touchait une pension d'invalidité. L'usine l'avait mis en retraite anticipée pour difficulté à assumer sa fonction de contremaître. Une jolie coupe plaquée argent, offerte lors de son pot d'adieu, trônait au-dessus de la télévision. On me présenta enfin à Émilie, la seule fille de la maison. Enfant naturelle. Pas adoptée, elle. Du haut de ses douze ans, elle daigna me serrer la main.

Juste avant de se mettre à table, dame Fernande s'excusa de n'avoir que trois morceaux de viande pour le dîner. Ma présence n'était en effet pas prévue. Le lendemain, elle ferait les courses en conséquence. Mais, ce soir, afin de compenser le manque, j'aurais droit à une double ration de pommes de terre sautées, me promit-elle. De toute façon, je n'avais pas faim. À table, je remarquai qu'ils avaient chacun une jolie serviette en tissu. Pour ma part, je dus me contenter d'un bout de Sopalin. Je les regardais savourer la tendreté du bœuf et se resservir généreusement de sauce béarnaise. Ils s'extasiaient à chaque bouchée. La gamine esquissait un léger sourire en observant mon assiette où trois rondelles de patates s'ennuyaient. « J'ai trop mangé, s'exclama le père en s'essuyant la bouche, mais c'était bien bon ! » Il se leva péniblement de sa chaise pour aller s'affaler dans un des fauteuils du salon.

"On va débarrasser ! dit la dame avec un certain enthousiasme. Plus de place pour le dessert... Viens Jules, je vais te montrer où est la cuisine."

La gamine se leva à son tour :

"Je vais faire mes devoirs, maman.

— Vas-y, chérie."

Je me retrouvai seul avec la dame, dans cette salle à manger inondée d'une lumière blafarde. "À ton âge, tu dois savoir faire la vaisselle, j'espère, me dit-elle en empilant les assiettes sales. Ne reste pas planté comme ça, tu vas prendre racine…" J'emportais les verres et les couverts. "Tu ne m'as pas l'air bien adroit pour un grand gaillard comme toi." Je me retrouvai penaud devant l'évier. "T'as déjà vu du produit vaisselle, non ? Mais t'en mets pas beaucoup, hein, ça coûte cher ! Il suffit de bien frotter. Bon, je vais aider Émilie à faire son cartable pour demain… Et que ce soit propre ! Tiens, voilà un torchon. Je vais quand même pas t'apprendre à ranger, non plus."

La situation ne m'inspirait guère confiance. Je redoutais de me retrouver de corvée tous les soirs. Et puis, je bâillais de plus en plus : il me fallait rattraper le manque de sommeil de la nuit précédente, sous mon arbre. Après avoir tout nettoyé dans la cuisine, je m'écroulai comme une masse sur le matelas qu'on m'avait attribué, dans une chambre à l'étage. J'entendis tout de même la porte se fermer à clef. »

***

« À six heures du matin, je sentis des bras vigoureux me secouer comme un prunier. "Allez, fainéant, debout !" Où étais-je ? Qui me parlait ?

Je vis l'affreux visage de dame Fernande au-dessus du mien. "La fortune appartient à ceux qui se lèvent tôt, ajouta-t-elle d'une voix criarde. Tu te crois en colonie de vacances chez les Rothschild, peut-être ?"

Le temps de me rappeler comment je m'appelais, d'où je venais et surtout ce que je faisais là, je traînai à me lever. Puis, encore somnolent, je descendis au rez-de-chaussée.

Norbert, le père, trempait ses tartines dégoulinantes de confiture dans son bol de café au lait. À la dernière tranche de pain, il n'en finit plus de roter bruyamment. Le fauteuil du salon lui tendait les bras. Émilie, toute pimpante dans sa jupe à carreaux et son chemisier à col Claudine – comme sortie d'une image de mode d'avant je ne sais quelle guerre –, endossait son cartable en geignant : "Les surveillants, ils sont moches, cette année. Y a même un Noir ! Et le nouveau proviseur, quel nul !... La bouffe à la cantoche, je t'en parle même pas."

Visiblement, personne n'envisageait de m'envoyer à l'école avec elle. "Bon, c'est pas le tout, me lança dame Fernande, mais on a du travail, ce matin." Émilie embrassa sa mère, son père, et sortit de la maison, sans doute pour prendre le car scolaire. Je me retrouvai de nouveau seul avec la patronne. Je ne m'attendais pas à ce qu'on me propose d'aller me recoucher, mais pas non plus à ce qu'on dise : "Faut que je te montre où sont le balai et la serpillière." Elle m'emmena dans le cagibi où tout un matériel barbare semblait m'être destiné. "Après, tu remettras tout en place. Commence par la grande salle et après tu attaques la cuisine. Ah, et tu n'oublies pas de faire la salle de bains et les W.-C. !" Je la regardai d'un air ahuri. Pour qui me prenait-elle, exactement ? Je n'étais pas sa bonniche ! "Allez, tu attends quoi ? le Déluge ? Et je regarderai bien dans les coins, alors tout doit être impeccable !" Elle me flanqua un seau dans la main droite, le balai dans la main gauche, et jeta la serpillière sur mon épaule. Je restai immobile.

"Non", dis-je très simplement.

Son regard changea de couleur.

"Comment ça, non ?

— Non, répétai-je.

— Mais je te demande pas ton avis, p'tit merdeux ! Tu crois que je vais te nourrir et te loger à rien foutre ?"

Son langage, lui aussi, avait changé de couleur. Nettement moins gracieux que celui de la veille. Je révisai mon jugement sur les gentilles mamans qui vous bordent le soir… »

***

— Ce que tu me racontes là, c'est Cosette et les Thénardier, Cendrillon chez sa mégère de belle-mère…

— Non, c'est mon histoire ! Celle d'un gamin de onze ans qui s'appelle Jules. Et à qui la vie n'a pas fait de cadeau. Tu sais, ça arrive encore. Même au XXIe siècle.

— OK, excuse-moi, continue !

— Comme je refusai de faire ce qu'elle me demandait, elle me traîna par le col dans le couloir et ouvrit la porte de la cave. Puis elle me projeta dans l'escalier que je dévalai sur les fesses. "Va falloir apprendre à obéir, mon garçon !", hurla-t-elle avant de claquer la porte et d'en tourner le verrou à double tour. Je ne voyais rien dans le noir, assis sur le sol en terre battue.

« Je passais les heures suivantes à élaborer un plan d'évasion. Pour arriver à mes fins, il me faudrait me montrer plus docile. En apparence. Jouer le jeu du repenti. De celui qui a compris la leçon et ne recommencera plus jamais. »

***

« En fin d'après-midi, j'entendis la porte se déverrouiller.

"Alors, on est devenu raisonnable ?"

Quelle voix insupportable…

"Oui", murmurai-je. Et ce "oui" m'arracha la gueule.

"Ah, enfin ! Tu peux remonter."

Je m'exécutai.

Dans la cuisine, en préparant le repas, l'ogresse entama un discours à n'en plus finir : "Tu sais, nous ne sommes pas des monstres. C'est pour ton bien que j'ai fait ça. Pour ton éducation. Tu verras, tu me remercieras, un jour... Mets-toi à ma place, ce n'est pas facile d'être obligée de punir des petits sauvageons comme toi. Ce n'est pas de gaieté de cœur. Tu crois que j'y prends plaisir ? Ça me fait mal, à moi aussi. Je suis sûre que t'as un bon fonds. Que t'es récupérable. Mais il faut te remettre sur le droit chemin... Par contre, il vaudrait mieux que tu n'en parles pas à la dame de la DDASS. Je la sens pas, celle-là. Elle est méchante et elle rapporte tout." Je ne disais toujours rien. Je n'écoutais plus.

Émilie rentra de l'école, embrassa sa mère et fila dans sa chambre.

"Maman, se mit-elle à hurler du haut de l'escalier, Jules n'a pas fait mon lit !

— T'inquiète pas chérie, demain il fera ta chambre à fond."

***

Comme punition pour le comportement inadmissible que j'avais eu plus tôt, on me priva de dîner. "Ça t'apprendra." Je restai debout à les voir se goinfrer car, bien sûr, je n'avais pas le droit de m'asseoir avec eux. Après avoir débarrassé la table, fait la vaisselle, rangé, nettoyé la cuisine et même frotté le carrelage où j'avais laissé soi-disant des traces, on m'autorisa à aller me coucher. Je n'avais pas desserré les dents de toute la soirée. Enfermé dans ma chambre, je peaufinai mon plan pour le lendemain, comme une stratégie guerrière qu'on échafaude sans négliger le moindre détail. L'heure de la vengeance allait bientôt sonner. Mais d'abord, encore un effort. Surtout, avoir l'air d'un petit ange. Ne manifester aucun signe de désapprobation, encore moins de rébellion. Je devais me montrer plus doux qu'un agneau.

Dès six heures du matin, la fanfare vocale me fit sursauter. "Debout là-d'dans. Et qu'ça saute. T'as deux minutes pour descendre !"

L'enfer est ici, pensai-je en me frottant les yeux. *Y a-t-il quelque part un paradis où on laisse les gens dormir ?*

En temps voulu, je me rendis dans la cuisine. Même scénario que la veille. Le gros plein de soupe finissait ses tartines et rotait sans gêne. La sainte-nitouche enfilait son anorak et pestait encore contre ses professeurs. J'attendis patiemment que l'un regagnât son fauteuil dans le salon et l'autre disparût prendre son bus. Très vite, je me vis affublé de tout l'arsenal que contenait le cagibi. Seau, balai, serpillière, avec, en plus, une raclette pour faire les vitres.

Obéir, obéir, obéir. On appelle ça la méthode Coué, je crois. Se calmer, surtout se calmer. À quatre pattes, j'astiquai le plancher du couloir en me dirigeant lentement vers la porte de la cave. Puis je tournai le verrou et entrouvris le battant. « Tout à coup, je me mis à hurler : "Madame, madame, y a quelqu'un dans la cave !" La grosse Fernande surgit de la cuisine tel un diable de sa boîte :

"Qu'est-ce que tu racontes ?

— Là, j'ai vu une ombre", dis-je, affolé.

L'ogresse ouvrit en grand le double battant et jeta un œil dans l'escalier : "Je vois rien." Brusquement, de tout mon corps, je poussai en avant le tas de viande qui dévala les marches. Je claquai la porte et tournai le verrou.

"Vous pouvez pas faire un peu moins de bruit ! entendis-je grogner du salon.

— Pardon, monsieur Norbert."

Ma soudaine politesse aurait dû éveiller chez lui quelques soupçons. À pas de loup, je fonçai à la porte et m'enfuis de la maison.

Dans ma course à travers les champs de maïs d'en face, je me demandai si la vieille était morte. Ou juste assommée. Peut-être était-elle déjà en train de taper violemment à la porte pour alerter son mari. Peu importait. Je courais plus vite qu'un lapin. »

***

« Mais tu as fait combien de familles d'accueil comme ça ?

— Une bonne dizaine en deux ans.

— Quoi ? Et chaque fois tu t'évadais ?

— Que voulais-tu que je fasse d'autre ? Quand même je te rassure, j'ai connu des familles "normales", avec des gens "normaux", attentionnés et dévoués, mais tellement ennuyeuses...

— Pourquoi ennuyeuses ?

— Parce que, à force de connaître la saleté, on finit par trouver la propreté suspecte. Je me méfiais de tout, de tout le monde, je connaissais les pulsions dans ce qu'elles avaient de plus vil. Alors, quand je rencontrais quelqu'un de "normal", j'attendais l'instant où le vernis commencerait à se fissurer.

— Quand même, il existe aussi des gens "bien", des gens équilibrés...

— La vérité, Lionel, c'est que, quand tu as connu si longtemps la violence, elle fait partie de toi. Elle est toi. »

11

C'est terrible, cette impression de ne servir à rien. De laisser, en toute impuissance et en toute lucidité, l'être aimé vous échapper. Vous lâcher la main. Le bout des doigts. Comme dans ces films où l'on voit un acteur essayer de rattraper par la manche un corps suspendu dans le vide.

La tentative de thérapie avait lamentablement échoué. Jules était rentré de Beauvais dans un tel état de déprime que j'en étais meurtri pour lui. Il avait tout le temps les yeux rougis à force de pleurer. Je lui conseillai de changer de praticien ; on ne tombe pas forcément sur le bon du premier coup. Et puis, il faut du temps. On ne règle pas des problèmes aussi lourds en trois mois. Il ne voulait rien entendre. Plus rien entendre. Et personne ne lui ferait changer d'avis.

Devant l'ennui qui le gagnait, j'allais lui faire une proposition. Pour une fois, l'idée ne venait pas de moi, mais d'un ami qui m'avait conseillé de lui trouver une occupation, un travail. « Ton ami Jules n'a pas de diplôme, mais il est loin d'être bête… Achète-lui une boutique ! »

Les autres ont toujours de bonnes idées quand il ne s'agit pas de leur propre argent. J'avais heureusement sur un compte bancaire de quoi louer un fonds de commerce pour un an. Ensuite, si le magasin tournait bien, Jules payerait lui-même les loyers suivants.

« Ça te plairait d'ouvrir une petite boutique dans Nice ? » À peine avais-je formulé la question que Jules échafauda mille plans sur la comète. Des vêtements ? Non, un espace de bien-être. Ou que des gadgets pas chers ! Et pourquoi pas avec un coin sandwichs ou pâtisseries ?

« C'est moi qui serai le patron ?

— Oui.

— Et je pourrai avoir un employé, si je veux ? »

Je confirmai.

Il retrouva le sourire. Sa joie illuminait la maison. Avoir un magasin à soi. Commander. Embaucher. Tenir la caisse. L'idée de mon ami s'avoua aussi bénéfique que celle du permis de conduire et du Jacuzzi. Celle du bébé labrador était depuis longtemps oubliée.

Jules s'empressa d'éplucher toutes les annonces de fonds de commerce à louer dans les environs. Trop cher. Mal placé. Des travaux à prévoir. Un bail, sous condition de racheter les murs, etc. Mon nouveau chef d'entreprise arpenta la ville pour dénicher l'emplacement idéal. Enfin, un espace de 60 mètres carrés dans le vieux Nice, au loyer raisonnable, sembla répondre à tous ses critères. Je fus impressionné par l'efficacité de Jules pour s'inscrire à la chambre du commerce, obtenir un Kbis, faire toutes les démarches administratives et juridiques afin que le projet et la société se montent le plus rapidement possible, en bonne et due forme. Je me portai caution, bien sûr. J'avançai la garantie d'usage. Le contrat de location fut signé en deux temps, trois mouvements.

Le premier loyer vit la rénovation des lieux. Avec l'aide d'un ancien employé de la SPA, la boutique fut repeinte du sol au plafond. Un menuisier fut embauché pour faire sur mesure des étagères, un présentoir et un comptoir pour la caisse. Grâce à un artisan en luminaires, une magnifique enseigne en néon porterait le nom de la société : « ByJules ». Bien que je n'eusse rien à dire sur les dépenses occasionnées et toutes les décisions qu'il prenait sans me consulter, je reconnus l'originalité du nom de la boutique.

Le deuxième loyer vit le recrutement d'une jeune employée. Une avance sur salaire sembla, pour je ne sais quelle raison, indispensable à son embauche. Une ex-bénévole du Secours populaire aurait donc pour fonction de s'occuper de la maintenance. De nouveau, et bien que n'ayant toujours pas le droit d'avoir un avis, je trouvai l'avance et la rémunération promise exorbitantes.

Le troisième loyer vit la confection de tee-shirts dont les motifs seraient uniques. Puis de bijoux, prétendument les créations exclusives d'un futur grand artiste niçois. Et enfin quelques chèques lancèrent la fabrication des sacs d'un maroquinier italien, dont il fallut racheter le stock. Je continuais de ne me mêler de rien.

L'inauguration en fanfare de la boutique correspondit au quatrième loyer. En publicité, affiches, cartons d'invitation envoyés à la mairie, ainsi qu'aux associations et à quelques amis. Sans oublier le champagne à volonté, les petits-fours du meilleur traiteur et un cadeau de remerciement pour le déplacement. Jules avait organisé l'événement de façon grandiose. Ce soir-là, il était le roi de la baie des Anges. Et des pique-assiettes.

***

Je ne voyais presque plus mon roi du commerce. Toujours très occupé à tenir la boutique, mais aussi par les fournisseurs, les retards de livraison, les comptes à refaire et autres problèmes de gestion. Il partait le matin guilleret et rentrait le soir épuisé. Mais, au moins, ces journées bien remplies contribuèrent largement à le métamorphoser en adulte responsable. Cet épanouissement me rendait heureux, bien qu'inquiet sur certains dysfonctionnements.

Il fallait revoir le tarif des tee-shirts. À moins de les faire fabriquer en Chine par des clandestins, il était impossible d'obtenir une marge bénéficiaire correcte – le grand artiste prétextant une soudaine notoriété pour augmenter son pourcentage sur leur prix de vente. Les précieux bijoux certifiés et vendus pour être en or 18 carats se révélèrent de la camelote faite d'un alliage de plomb et de laiton – du plus bel effet, certes, mais le moindre frottement effaçait en trois jours le faux poinçon.

La police fit un jour irruption dans le magasin. Elle recherchait des palettes de cuir volées dans une usine près de Turin. Un camion s'était bêtement volatilisé dans la nature, de même que son chauffeur. Difficile d'orienter l'enquête sur la présence d'extra-terrestres et de soucoupe « volante » dans la région. Dans la foulée, la marque en question déposa plainte pour revente sauvage. Il fallut rendre le stock entreposé dans la réserve. Puis rembourser les magnifiques bagues et bracelets de la fonderie de Turin. Par chance, quand je fus convoqué au poste de police, ma bonne foi suffit à éviter toute poursuite pour fraude.

Loïc, le peintre reconverti de la SPA, apporta sa facture pour le travail effectué. Apparemment, il y avait eu un malentendu. Il pensait n'avoir perçu qu'un acompte alors que, pour Jules, c'était la totalité des travaux qui lui avait été versée. Le Picasso animalier menaça d'alerter les médias pour exploitation de travailleur sans papiers. Il fallut payer la douloureuse facture – comptant, si j'ose dire.

La belle et très chère vendeuse arrivait chaque matin en retard, jusqu'à ne plus venir du tout. Elle prétextait un surcroît d'activité au Secours populaire. Elle ne pouvait décemment pas les abandonner. Par son contrat signé avec la société ByJules, elle manifesta son droit d'aller jusqu'aux prud'hommes si son mirobolant salaire ne lui était pas versé pour les trois prochains mois. Il fallut céder.

Existe-t-il un féminin à maître chanteur ?

***

En quelques semaines, on ne parlait plus de chiffre d'affaires, mais de déficit. La société dut déposer le bilan. Jules en fut désespéré. Ainsi que mon banquier.

Plus que blessé, touché dans son orgueil, mon bel amoureux vit son moral tomber au plus bas. Il serait toujours un bon à rien. Déjà qu'il se considérait comme un accident de la nature, une verrue, cet échec l'acheva.

Je ne savais plus quoi faire. Je m'en rejetais la faute. Encore une mauvaise idée. Ou bien aurais-je dû m'en mêler, intervenir, le prévenir des dangers ? Mais il voulait s'en sortir seul. Sans l'aide de quiconque. Prouver qu'il était capable d'arriver à quelque chose par lui-même. C'était raté.

Je suggérai de partir en vacances. L'Australie, Bali, New York, ou même ailleurs si tu veux… « Je m'en fous. » Devant tant d'enthousiasme, j'optai pour New York. « Non, j'aime pas les Américains. » Au moins une réaction. Si je pointais le doigt sur le globe terrestre pour laisser le hasard choisir une destination, j'avais deux chances sur trois de tomber dans l'eau… Je m'abstins de prendre ce risque afin d'éviter toute réflexion ironique sur la fatalité. Je choisis le Mexique. On m'en avait parlé comme d'un endroit aussi reposant que dépaysant.

Mais, très vite, la déprime reprit le dessus. Des vacances interminables. De notre suite royale à la piscine, en passant par tous les massages possibles à deux ou quatre mains, proposés par le spa, jusqu'aux trois restaurants, dont un étoilé au *Guide Michelin*, tout l'ennuyait. À quoi bon partir visiter une pyramide inca en ruine ? aller sur une plage bondée d'Américaines ? se balader dans la ville voisine, par 50 degrés à l'ombre ? acheter des souvenirs idiots qui finiraient à la poubelle ?

envoyer des cartes postales d'un sombrero accroché à un cactus ?... « Vivement qu'on rentre ! »

Nous récupérâmes Aya, laissée en garde au chenil des « Toutous heureux ». Pour elle aussi, les vacances avaient dû sembler infiniment longues. Mais son prince charmant était de retour, et les retrouvailles furent à la hauteur du nombre de baisers et de coups de langue échangés. « Plus jamais je ne t'abandonnerai », lui répétait Jules, les larmes aux yeux.

12

Je n'ai pas su dire à Lionel à quel point j'étais fier de lui. Trouver les mots qui touchent, qui complimentent et font plaisir. « Je n'ai pas toujours les mots qu'il faut », comme le chantait Natasha St-Pier.

Pourtant, en silence, j'admirais les textes des chansons qu'il écrivait pour Pagny, Obispo, Hallyday et bien d'autres. Des textes souvent mélancoliques, romantiques aux yeux de certains, tristes selon d'autres. D'après moi, ses paroles portaient toujours un message d'espoir, de générosité, de non-violence. Il écrivait comme il était, sans vouloir imposer, sans commander, en suggérant juste que non seulement l'amour est possible, mais qu'il doit être notre unique moteur et notre seul but.

Tous ces gens qui passent à la télé ne l'impressionnaient pas. Sa place était dans l'ombre, et ça lui convenait très bien. Beaucoup de ces chanteurs prétendaient avoir écrit les paroles de leur dernier tube. Lui s'en fichait. « Laisse dire, ça n'a pas d'importance. » Moi, ça m'exaspérait. Quelle injustice ! Mais ça l'arrangeait aussi de ne pas être reconnu dans la rue. Pour vivre heureux, vivons cachés. En revanche, il était flatté d'être autant sollicité par de grands interprètes aux multiples disques d'or que par des débutants en quête d'une signature confirmée. « Mieux vaut être reconnu par la profession que par les groupies », disait-il. Lionel, c'est vrai, avait écrit un nombre impressionnant de succès. Il prétendait que sa chance avait été de rencontrer Pascal Obispo. Qu'il lui devait sa carrière. Moi je prétendais l'inverse, que c'était Obispo qui avait eu de la chance de l'avoir rencontré. Question de point de vue. Peu importe, leur duo d'auteur/compositeur fonctionnait à merveille.

J'avais dix ans lorsque « Lucie » était sortie, passant sans cesse à la radio. Je ne m'en souviens pas puisque personne n'écoutait de musique à la maison, donc j'étais loin d'imaginer qu'un jour je vivrais avec son auteur. Puis il y avait eu « Savoir aimer », interprétée par Pagny. Un succès qui donna à Lionel son statut de parolier inscrit à la Sacem. Je n'ai découvert tous ces morceaux que bien plus tard, vers seize ans. Mais j'ai toujours eu une préférence pour les chansons beaucoup moins connues, des titres dits d'album, comme « Donne-moi le temps », écrit pour Jenifer, « Châtelet-les-Halles » ou encore « Les Fleurs du bien ». « Je te souhaite », chanté par Natasha St-Pier, racontait une déception amoureuse avec un jeune homme, et j'adorais la simplicité de ce texte. Sans oublier « Guérir », chanté par Pagny, qui me faisait pleurer chaque fois.

Guérir… d'un amour que l'on sait mort,
D'un corps coulé dans son corps
Guérir, se perdre en des lits moches et sales,
Pour juste un peu de réconfort
Guérir, ça fait mal.

Connaissez-vous la prémonition ? Le signe ? À quoi pensait Lionel quand il avait écrit ces paroles, si ce n'est à cet enfant perdu qu'il aimerait plus tard ?

J'aimais le voir travailler, s'imprégner d'une musique puis s'enfermer dans une bulle, allant chercher au plus profond de lui ses failles, ses manques, ses cicatrices, pour en extraire l'essentiel. « On n'écrit pas pour soi, affirmait-il, mais pour que les autres se retrouvent dans ce que nous écrivons. Mon nombril n'intéresse personne. Il faut offrir, partager. » Il écrivait très vite, comme pour saisir un instant de grâce. Ensuite, il peaufinait les mots avec tendresse, les caressait pour adoucir leur aspérité, puis les livrait avec humilité. La création peut s'apparenter à un accouchement, dit-on. À la procréation.

Parfois, Lionel me disait qu'il avait peur de tourner en rond en ne parlant que d'amour. Et, chose étrange, depuis que nous étions ensemble, l'inspiration lui venait plus difficilement. « Tu vois, tu combles mes manques, plaisantait-il. Je préfère vivre plutôt qu'écrire. J'ai tellement fouillé en moi les fêlures qui m'empêchaient d'aimer que je n'ai fait que rêver d'amour, et fais rêver les autres, je crois. »

Quelques faits de société ou des événements particuliers, tel le décès d'un ami, lui remettaient le pied à l'étrier. C'est ainsi qu'il avait proposé un texte à Calogero sur l'image du char de la place Tian'anmen qui avait fait le tour du monde, puis un texte sur l'incarcération à Obispo, ainsi que « Sa raison d'être », pour la lutte contre le sida. « Ma liberté de penser », qui ironisait sur les problèmes de Florent Pagny avec le fisc, avait bien été le seul accident humoristique dans sa carrière d'auteur.

Les ventes de CD et les passages radio lui permettaient de vivre confortablement.

L'argent, cette chose qui facilite tellement le quotidien. Qui fait qu'on ne regarde plus le prix des choses. Qui provoque la jalousie... J'ai tellement entendu dire que je vivais avec Lionel pour son fric. On me voyait souvent changer de voiture. Je dépensais sans vraiment compter. J'aidais lorsqu'on me le demandait. Je prêtais, pour dépanner, tout en *sachant qu'on ne me rendrait jamais rien. Difficile de refuser quand on se sent privilégié.*

J'aimais aussi Lionel pour sa pudeur, sa vraie gentillesse, sa compassion.

Un jour, je lui demandai pourquoi il n'écrivait pas une chanson sur moi. Il m'expliqua qu'« on n'écrit pas sur ce qu'on aime. Sur ce qui ne pose pas problème » et me renvoya à la sublime chanson de Zazie, « Sur toi ». Voilà pourquoi !

***

Quel courage de m'avoir aimé à ce point ! D'avoir supporté mes sautes d'humeur, mon instabilité, ma déraison, mon passé. Lionel vous dirait le bonheur d'avoir enfin aimé.

Il voulait me présenter à ses parents. Mais, pour moi, il n'en était pas question. L'épreuve m'était insurmontable. Lui, il avait dépassé cette barrière. Pourtant, ils pourraient ne pas accepter notre différence d'âge, notre homosexualité, mon absence d'éducation, de diplôme et de travail. « Non, répondait-il, l'amour balaye tous ces tabous. Tout peut s'expliquer, tout peut se comprendre. Comment vivre sans tolérance ? » Bien sûr, qu'il avait raison.

« Un anniversaire ? Un Noël ? Un déjeuner chez eux, tranquillement ? Histoire de te les présenter, qu'ils connaissent celui qui me rend heureux. »

Je n'ai pas su lui faire ce cadeau. Il a fini par ne plus insister. Il connaissait un peu ma relation désastreuse avec mes propres géniteurs, mon enfance et, surtout, mon insupportable caractère de sauvage.

Être un couple, qu'est-ce que ça veut dire ? Tout partager ? Tout mettre en commun ? Tout se dire ? En ce qui me concerne, mon jardin secret était en friche. Rien n'y poussait, et il m'envahissait même petit à petit. Je n'avais rien à donner. J'étais juste bon à détruire tout ce que je touchais. Lionel, lui, avait le pouvoir de transformer les choses, d'embellir la nature humaine, de faire croire que le monde peut être meilleur. Je n'avais pas ce talent d'illusionniste.

Alors notre couple se refermait sur lui-même.

Je sortais de moins en moins. La ville de Nice commençait à me lasser. Le soir, je préférais rester à la maison à regarder des films ou des reportages. La journée, je ne quittais pas mon Jacuzzi. J'y passais des heures à contempler le ciel en fumant herbe et shit en alternance. Je prenais une ligne de cocaïne quand le moral avait besoin d'un remontant. Souvent Lionel était devant son ordinateur à travailler sur des chansons ou un nouveau projet de comédie musicale. On se rejoignait sur la terrasse, pour quelques verres de rosé avant le dîner. Aya attendait ses tranches de saucisson. Je sortais du congélateur ce qui ferait plaisir à l'un et à l'autre. Il dressait la table. On échangeait quelques mots.

Oui, notre couple commençait à s'étioler, non pas par désamour, mais comme pour nous suicider, à deux, ensemble, main dans la main.

Une mort physique pour moi, cérébrale pour lui.

13

« Donc, après dame Suzanne, puis Fernande, tu as connu une dizaine de familles d'accueil, c'est bien ça ?

— Ne t'inquiète pas, je ne vais pas te raconter toutes celles où j'ai séjourné. Le scénario était toujours le même. J'arrivais, je m'enfuyais, la police me retrouvait et on me replaçait.

Mais après ma dernière famille d'accueil, j'ai disparu sans laisser de trace. »

***

« J'avais treize ans. Chaque fois, la responsable de la DDASS s'arrachait les cheveux rien qu'à entendre mon prénom. Je crois d'ailleurs qu'elle portait une perruque… Comme d'habitude, on me fit tout propre pour me présenter à la nouvelle maîtresse de maison. Marie-Madeleine.

Rien qu'au prénom, j'aurais dû faire demi-tour. Et en entendant la dernière consigne de la placeuse : cette dame, je devais l'appeler "Mère" !

"Bon, je vous laisse. J'ai encore de la paperasserie à faire au siège, pour le placement du petit. On vous en demande toujours plus, ça devient pénible. Merci pour tout, mad... mamm... Mère... Marie-Madeleine ! Tu verras, mon grand, tu vas être comme un coq en pâte, ici." Le discours était rodé.

J'étais tellement habitué à cette situation depuis deux ans que j'en oubliais les codes d'usage. Ne serait-ce que dire bonjour. Pourquoi faire un effort, faire semblant d'être poli puisque, le lendemain ou le jour suivant, je prendrais la poudre d'escampette ?

"Tu veux bien enlever tes chaussures, me dit la Mère Marie-bas-de-laine, à peine la porte d'entrée refermée. T'as les mains propres ? Sinon va te les laver !" Où étais-je ? Dans un hammam ? Une mosquée ? Un salon d'esthéticienne ? Tout à coup, une porte à double battant s'ouvrit et je découvris un grand bonhomme entouré de quatre adolescents, deux filles, deux garçons, tous plantés comme des piquets, un livre à la main. Quand Mère Marie-Proust me poussa dans le dos pour me faire avancer dans la pièce, la petite troupe commença à chanter en chœur : "À toi Jules, le bienvenu, n'aie peur de rien, tu es l'élu...

À toi Jules, brebis perdue, suis ton chemin, va vers Jésus."

Mon Dieu, si j'ose dire ! Je croyais avoir connu tout l'éventail de familles d'accueil possible. Mais celle-ci se montrait redoutable. Inquiétante. Surtout qu'on me demanda de me mettre nu, sur-le-champ, devant tout le monde. J'étais tellement interloqué que je me laissai faire. L'un des garçons se chargea de me déshabiller, de plier mes vêtements, puis de les poser sur une chaise, tandis que l'une des filles m'apportait solennellement une toge blanche qu'elle m'aida à enfiler. Je me rappelle avoir eu une érection, bien involontaire compte tenu des circonstances. Mais je ne pus la cacher. Puis ils reprirent de nouveau en chœur et avec davantage d'ardeur : "À toi Jules..."

Nous nous dirigeâmes alors, lentement, vers la salle à manger où la table était dressée. La nappe était si blanche que j'aurais pu m'attendre à un sacrifice satanique dont j'aurais été l'offrande. Il n'en fut rien mais, avant l'infâme soupe qu'une des filles servit à la louche dans chaque assiette, nous récitâmes une prière debout, yeux fermés et tête baissée. *Bla bla, bla bla.* Je repérai déjà les lieux afin de m'en évader. La baie vitrée du salon. Le puits de lumière du couloir qui semblait ne pas avoir de barreau. Il faudrait aller voir dans les W.-C. si je pouvais me faufiler par le cadre de la fenêtre. “Que Jésus bénisse notre humble repas. Amen.” Tout ce beau monde s’assit enfin.

Après ce qu’on appellera un repas de bienvenue, la Mère Au-bain-Marie m’emmena découvrir ma chambre, ou plutôt devrais-je dire le dortoir que je devais partager avec les adolescents : Pierre, Luc, Judith et Jézabel. Un matelas, posé par terre au milieu de la pièce, entouré de quatre autres, n’attendait que mon apparition. Comme chaque premier soir dans une famille d’accueil, je m’écroulai de fatigue dès la lumière éteinte. Il me sembla quand même avoir senti un baiser effleurer ma joue. »

***

« Cinq heures du matin : réveil collectif. Première prière avant un bol de lait chaud. Cinq zombies se rendirent dans la cuisine. Après une maigre tartine, fine comme une hostie, Mère Marie-Machin nous annonça le programme de la journée : “Lecture de la Neuvaine de Padre Pio au diocèse du Sacré-Cœur de l’Enfant-Jésus. Puis dictée : un extrait de l’exhortation apostolique post-synodale du pape Benoît XVI. Et enfin nous entonnerons un magnifique chant grégorien de l’abbaye de Solesmes, en latin bien sûr !... Cet après-midi, atelier enluminures et reproduction des vitraux de la face nord de la cathédrale d'Amiens, avec, en arrière-plan, ses arcs-boutants en perspective."

Je n'avais rien compris.

"D'abord, tout le monde à la douche. Puis brossage des canines sans oublier les dents du fond... Ah, et bien frotter entre les doigts de pied !" Heureusement, c'était chacun notre tour. Depuis mon déshabillage de la veille, j'aurais pu m'attendre à une séance collégiale et craindre une nouvelle réaction incontrôlable de mon pénis. Une fois débarrassés de toute impureté, nous revêtîmes nos toges immaculées.

Dès les premières lignes de lecture, qu'on m'imposa de déclamer devant la petite assemblée, j'aperçus un certain énervement sur le visage de Mère Marie Truc-Moche. Les choses ne s'améliorèrent pas lorsque, accoudé sur un pupitre, j'essayai de retranscrire les phrases qu'elle nous dictait. Pourtant, elle articulait, très lentement, laborieusement : "Le discours de foi... pas le foie, la foi... de raison... citant aussi bien la pensée... pensé-euuuu juive et grecque que la thé-o-lo-gie protestante et l'a-thé-isme moderne, traitait principalement de la chré-tien-té, sans e, appelle la tendance étonnammmmment abrupteuuuu et d'une rudesse assezzzz surprenante." Qu'est-ce que c'était que ce charabia ? De plus, elle me fit le reproche de lire et d'écrire très mal : "Même en maternelle, ils écrivent mieux que toi !" Je redoutais le pire pour la suite : elle ne m'avait pas encore entendu chanter.

Par précaution, au moment du grégorien, je mimai les paroles, en ouvrant grand la bouche tel un poisson rouge. Au milieu des autres voix, elle ne s'aperçut de rien. Et moi, j'avais l'impression de parler latin couramment. »

***

« Après un déjeuner des plus léger, puis une démonstration peu concluante de mes talents de dessinateur, et enfin un dîner qu'on ne qualifierait pas d'hypercalorique, nous regagnâmes notre dortoir. Pierre – l'aîné, sans doute, bien que nous fussions tous à peu près du même âge – nous fit réciter une dernière prière avant d'éteindre la lumière. Nous plongeâmes tous les cinq dans l'obscurité d'une douce nuit bien méritée. J'allais m'endormir quand je sentis une main caresser mon visage. Puis une autre effleurer mon torse. À mon grand étonnement, une troisième main remonta le long de ma cuisse. Je n'osai ou ne voulus bouger.

Enfin une famille d'accueil qui sait recevoir ! me dis-je le lendemain, en me remémorant certains souvenirs pas déplaisants.

« Dans la journée, entre trois psaumes, deux cantiques et quelques apocryphes sur la Genèse – un miracle que j'en retienne le nom –, je m'interrogeai sur l'identité des acteurs ou actrices des bienfaits de la veille. *Judith ? Pourquoi pas, ses mains ont l'air si douces. Luc ? Il semble bien connaître l'anatomie masculine. Jézabel ? Sa bouche est un appel au péché. Pierre ? Un expert, j'en étais sûr, en de nombreuses pratiques.* Si bien que, le soir même, je ne rechignai pas à me coucher tôt.

À peine le noir complet avait-il été fait dans la chambrée que mon corps commença à s'éveiller sous la chaleur de doigts vagabondant sur ma peau. Je laissai faire. Pourquoi résister ? J'osai même prendre un peu d'initiative. Ma main tomba sur quelque chose de dur, puis se dirigea vers un antre plus délicat. Je retournai au phare qui appelait à l'aide pour finir au bassin des eaux de source. Le temps passa délicieusement. Comme dans un rêve. Mais vite interrompu.

La porte du dortoir s'ouvrit brusquement. Les néons du plafond nous aveuglèrent. Autant certaines situations peuvent paraître romantiques dans l'obscurité, autant elles perdent tout leur charme en pleine lumière. Mère Sainte-Nitouche fit irruption dans la pièce. Les bras vers le ciel, elle nous traita de tous les noms : “Bande de petits pervers, engeances de Belzébuth, suppôts de Satan, disciples de Lucifer ! Je me doutais que cette brebis galeuse, hurlait-elle en me désignant, entraînerait notre perdition.” S’il y avait bien quelqu’un d’innocent dans l’assemblée, c’était pourtant moi. “Dehors, enfant du diable, dehors !” Pour une fois qu’une famille d’accueil ne me déplaisait pas, je dus faire mon sac et partir sur-le-champ, en pleine nuit. On me flanqua à la porte sans ménagement alors que, jusqu’à maintenant, je la fermais discrètement derrière moi.

Je supposai que, le lendemain, ils annonceraient à la responsable de la DDASS que je m’étais encore enfui. Ça n’étonnerait personne. »

***

« Je me retrouvai à minuit sur une route de campagne, à déambuler au hasard. Quelques phares passaient furtivement, de temps en temps. Je marchais sans but ni illusion. Demain, il y aurait de nouveau le poste de police, un sermon de la responsable de la DDASS, puis une nouvelle famille d’accueil.

Une voiture ralentit en m’apercevant sur le bas-côté. Elle s’arrêta quelques mètres plus loin. Un homme ouvrit la portière du passager et se pencha :

“Tu vas où ?

— Je sais pas, monsieur.

— Monte !”

Pourquoi pas ? Je m'assis sur le siège et bouclai ma ceinture. La voiture redémarra.

"Tu viens d'où ?"

Je restai muet.

"T'as quel âge ? Tu dois avoir treize ans maximum !... T'es pas bien bavard, en tout cas. On t'a coupé la langue ?

— Non."

En roulant, j'avais l'impression que mon passé défilait derrière moi. Que je tournais une page au fil des kilomètres. Rien ne serait plus comme avant. Il n'y aurait plus jamais de famille d'accueil. L'intuition que cet homme d'une quarantaine d'années qui conduisait à côté de moi, m'emmenant je ne savais où, n'était pas là par hasard. Il n'avait pas l'air méchant. C'était même gentil de s'être arrêté.

"Tu peux me dire quelque chose ?", me demanda-t-il soudain. Je n'avais rien à raconter. "N'importe quoi !", insista-t-il. Je cherchais. Puis je me mis à déclamer bêtement la neuvaine du Padre Pio. Rien d'autre ne m'était venu à l'esprit. Il se mit à rire.

"Je reconnais ta voix", me dit-il. Comment pouvait-il m'avoir déjà entendu ? On ne s'était jamais vus ! "Je t'ai écouté parler, un jour, dans un hôpital à Beauvais. J'étais dans le lit à côté du tien... Je t'ai même regardé dormir."

***

« C'était celui que le policier avait traité de pédo ?

— Lui-même ! Et aussi celui qui m'avait cru, qui avait tout rapporté à l'infirmière, celui grâce auquel j'étais sorti de l'enfer. Il aurait pu être un violeur, un meurtrier, je l'aurais suivi quand même !... De toute façon, je ne savais pas où aller. »

***

« Dans la voiture, il me demanda juste si je fuguais. Je confirmai. Bien sûr, je savais ce qui m'attendait, je n'étais plus si naïf. J'espérais seulement qu'il n'y aurait pas de violence.

Par chance, il habitait dans le département voisin, à plus de cent kilomètres de Beauvais. Nous étions donc hors du périmètre de recherche, en cas de disparition ou enlèvement. À moins de déclencher un appel national. Mais ce n'étaient pas mes parents qui allaient le faire.

Une heure plus tard, nous empruntions une petite route, non loin d'un hameau désert. Seuls quelques réverbères indiquaient un semblant de vie. Sa maison faisait partie des dernières habitations. Il s'arrêta et descendit de la voiture.

“C'est là. Tu viens ?”

Je sortis à mon tour.

“T’as peur ?

— Non”, répondis-je avec beaucoup d’assurance. Ce qui le fit sourire.

“Tu devrais, pourtant.”

Je ne savais pas s’il plaisantait ou s’il voulait tester mon courage.

L’intérieur sentait le célibataire. Pas de photo, aucun objet qui indique une présence féminine, pas de jouet d’enfant, une cuisine trop austère pour être un lieu de convivialité. Dans le salon, un canapé défoncé, une table basse et une télévision.

Il ne me posa pas de question. Me demanda juste si j’avais soif. “Tu peux te déshabiller, me dit-il, tu seras plus à l’aise.” Lui se mit en slip. “Ça ne te dérange pas, j’espère ? On est entre hommes.”

La première nuit, il me fit mal. C’était la première fois que je me faisais sodomiser. Je serrai les dents en attendant que ça se passe. Sinon, pas de coups, ni de gadget ni de pratiques bizarres. J’avais été docile ; ça semblait lui suffire.

J’avais treize ans et suis resté deux années chez lui. Sans sortir de la maison. Sans vouloir m’échapper. Sans me plaindre. »

14

J'ai souvent eu la nausée en transcrivant ce que Jules me racontait de son enfance. Surtout ce qui concernait les années passées chez ses parents. Je ne lui posais pas de questions ni demandais davantage de détails. J'avais peur du sordide. Bien qu'il ait reconnu qu'une bonne partie des familles d'accueil qu'il avait fréquentées s'étaient montrées extrêmement dignes de leur mission, je le soupçonnais d'avoir exagéré certaines anecdotes, afin de me décrocher un sourire ou de me faire oublier la tristesse de tout le reste. Il m'assura m'avoir épargné le récit de quelques situations, trop glauques ou trop cocasses. Je n'insistai pas.

Les derniers propos recueillis, sur cette longue période passée chez ce prédateur, me firent froid dans le dos.

« Tu n'as qu'à vérifier ! me dit-il, énervé que je puisse douter de lui, ça a fait la une des journaux.

Il y avait ma photo et la sienne en première page du torchon local, agrémentées de pseudo-témoignages et commentées par de soi-disant journalistes-psychologues, ravis de tant de sensationnel. Pour une fois qu'il se passait quelque chose dans leur trou pourri ! Même à la télé, ils en avaient parlé… »

***

Jules fumait de plus en plus de ces cochonneries qu'il roulait avec autant de patience que de dextérité. Le bonheur, prétendait-il, était de planer dans le Jacuzzi sous l'effet de ces volutes enivrantes, de laisser son corps flotter dans l'eau frémissante, et d'infuser lentement, avec la sensation de fondre comme un morceau de sucre, pour enfin disparaître.

Quelques heures plus tard, il n'avait toujours pas fondu, et une ligne de cocaïne lui redonnait un sursaut d'énergie. Il prenait alors sa voiture et sillonnait les routes de l'arrière-pays. Vite, trop vite. Je le soupçonnais de défier ses limites, d'appuyer sur le champignon pour savoir si un accident allait enfin décider de son sort. Puis il revenait. Son heure n'était pas encore venue. Une autre fois, peut-être.

Je m'inquiétais bien sûr de son comportement devenu trop souvent extrême. Parfois, lorsque je lui faisais une réflexion, même banale, il s'énervait, devenait agressif, puis replongeait dans une mélancolie qui frôlait le désespoir.

Qui étais-je pour lui faire la morale ? Et cela aurait-il amélioré les choses ? Je pense qu'au contraire il se serait braqué, comme chaque fois qu'il se sentait en danger.

Un soir, il n'est pas rentré à la villa. S'il était sorti boire un verre, il m'aurait prévenu pour ne pas m'inquiéter. Vingt-deux heures, toujours personne. Il faisait déjà nuit. Mon portable se mit à sonner. Des policiers qui entamaient leur ronde habituelle sur la corniche étaient tombés, près des rochers surplombant la plage, sur un jeune homme complètement trempé, qui sanglotait, recroquevillé sur lui-même. Ils avaient voulu l'emmener au poste afin de le mettre au moins à l'abri, mais celui-ci leur avait opposé une telle résistance qu'ils avaient dû employer la manière forte. Jules s'était débattu comme une furie, avec une rage inhumaine, écrivirent-ils dans leur rapport. Par précaution, ils avaient appelé le SAMU. Un quart d'heure plus tard, on lui avait fait une piqûre pour le calmer, avant de le transférer à l'hôpital le plus proche.

Je me rendis aussitôt sur place.

« Il dort, me dit-on lorsque je me présentai dans le service où il avait été admis en urgence.

On lui a donné un sédatif très puissant... Vous le connaissez bien ? me demanda l'interne de nuit.

— Oui, très bien.

— C'est votre fils ?

— Non, nous vivons ensemble.

— Ça lui arrive souvent, ce genre de comportement ? La police l'a décrit comme un fou furieux, un dément en pleine crise d'hystérie... A-t-il des pulsions suicidaires ? »

Que répondre ? Comment décrire Jules en quelques mots ? Comment donner des explications logiques ou trop simplistes en si peu de temps ? Devant mon silence, l'interne s'excusa. Il avait d'autres malades à voir : « Revenez demain... Et essayer d'en parler au chef de service. »

Je rentrai à la maison. Aya semblait inquiète de me voir seul. Elle flairait quelque chose d'anormal. Je m'allongeai par terre, à côté d'elle, et n'en finis plus de pleurer.

***

Le lendemain matin, j'ouvris discrètement la porte de sa chambre d'hôpital, au cas où Jules dorme encore. Je le vis adossé sur les oreillers, prenant son petit déjeuner. Avec un grand sourire, il me lança :

« Ah, j'ai bien dormi ! »

L'amnésie est parfois si commode...

« Moi pas tellement… », répondis-je, moins enjoué que lui, bien que rassuré de le découvrir de si bonne humeur.

Que dire, de nouveau ? Le harceler de questions ? Tenter de savoir ce qui lui était passé par la tête ? Pourquoi l'avait-on trouvé trempé sur une plage, tout habillé ?

« Ne t'inquiète pas, m'assura-t-il, plus sérieusement, je vais arrêter mes conneries. »

Nous passâmes un long moment ensemble, empli de gestes tendres, de regards complices, de mots apaisants. Toutes ces choses qui n'existent qu'entre deux personnes qui s'aiment, sans chercher à comprendre pourquoi ni à s'excuser ou à se justifier. Simplement convaincus de l'évidence qu'ils sont faits l'un pour l'autre.

En fin de matinée, je me rendis dans le bureau du responsable du service des admissions aux urgences. Il me posa quelques questions sur Jules. Puis me fit part du taux très anormal d'opiacés relevé dans les analyses de sang effectuées par le SAMU. « A-t-il une consommation fréquente de substances telles que le cannabis, l'opium, la cocaïne ou autres ? » Après ce que je lui confiai, il me conseilla de contacter un addictologue. « Il existe maintenant des remèdes très efficaces, et sans forcément avoir recours à un sevrage ou à une cure dans un centre de désintoxication. »

Jules me promit de faire la démarche. Il se fit même un point d'honneur de relever le défi. « Tu verras, je ne te décevrai pas. S'il te plaît, crois-moi… »

15

Sur les projets importants tels que les comédies musicales, Lionel travaillait toujours en binôme avec son ami Patrice Guirao. Ils avaient déjà écrit ensemble Les Dix Commandements, *puis* Le Roi Soleil *et, cette année-là, les mêmes producteurs leur proposèrent un nouveau thème de spectacle à mettre en chansons :* Robin des bois. *Lionel adorait travailler avec Patrice. Il était son frère d'écriture, disait-il, et ce genre d'ami si rare dans une vie. Bien que vivant chacun à un bout du monde, la distance ne changeait rien à leur affection ni à l'estime qu'ils se portaient. Ils se retrouvaient avec le même plaisir que celui ressenti, des années plus tôt, lorsque Pascal Obispo, sentant qu'ils pouvaient être complémentaires, leur avait demandé d'écrire à quatre mains la fameuse épopée de Moïse. Patrice allait chercher la profondeur des mots, privilégiait leur sens et ne sacrifiait rien au sujet. Lionel, lui, avait le sens de la formule qui fait mouche et savait faire « sonner » ces mêmes mots.*

Pour écrire le livret et les textes des chansons, les deux compères s'isolaient toujours en terrain neutre. Ni à Paris ni à Tahiti, où habitait Patrice, afin de se déconnecter de leurs habitudes. Un hôtel sur l'île des Pins, en Nouvelle-Calédonie, serait l'endroit idéal pour remplir leur nouvelle mission. Mais il leur fallait partir trois semaines.

Je sentais Lionel inquiet de me laisser seul à Nice, aussi longtemps. Il me proposa même de les accompagner. « Tu ne nous dérangeras pas, insistait-il. Nous, on travaillera dans notre coin, et toi tu feras de la plongée, du ski nautique ou tout ce qu'il est possible de faire sur l'île... Il y a des tortues marines magnifiques, paraît-il. »

Je refusai. Je voulais non seulement les laisser tranquilles pour qu'ils se concentrent sur leur travail, mais j'avais, moi, un autre voyage à préparer.

***

Comme promis, j'entamai une cure de désintoxication. Un spécialiste me suivit dans cette démarche éprouvante. La médication était lourde. Les cachets abrutissants. L'alcool m'était strictement interdit. Je commençai à grossir, ou plutôt à enfler. J'avais le visage bouffi. Mais je tenais bon.

En faisant sa valise pour l'île des Pins, Lionel me fit jurer de ne rien faire qui puisse me nuire. Il m'appellerait tous les jours. Il aurait besoin de savoir que j'allais bien pour travailler sereinement. D'être rassuré. Dans la voiture, sur la route de l'aéroport, je savais que je ne le reverrais plus jamais. Lui ne s'en doutait pas. Il me savait fragile, bien sûr, désorienté, paumé, comme on dit, et capable de tous les excès, mais il n'imaginait pas que je puisse égoïstement faire passer ma souffrance avant lui. « Tu vas y arriver. Attends-moi. »

Je regardais sur Internet comment en finir avec la vie. Et ça paraissait d'une simplicité déconcertante. Le roi Google me donna toutes les recettes imaginables. Presque aussi facilement que si j'avais cherché un gâteau « inratable » ou la dernière technique de liposuccion. Comment ne pas louper son coup ? Comment le faire sans douleur ? Comment choisir au mieux son mode d'exécution ? Le gaz est déconseillé, si l'on veut éviter de faire trop de dégâts aux alentours. Oublier aussi les gros calibres d'arme à feu, si l'on souhaite laisser une image propre derrière soi. S'ouvrir les veines n'a un taux de réussite que de 60 %. La noyade ou l'immolation par le feu sont déconseillées à ceux qui sont incertains ou hésitants. Le moteur de recherche vous oriente ensuite sur une liste de médicaments qui vous permettront à coup sûr d'atteindre votre but. Ceux autorisés en France ; ceux, très prisés, qui viennent de l'étranger.

Sous envoi express à domicile ou à retirer dans votre bureau de poste. Souhaitez-vous une mort lente qui vous laisse le temps d'écrire vos dernières volontés ? Ou quelque chose de si rapide que vous ne pourrez même pas finir votre bière ? Il existe également des promotions sur certains produits, si vous possédez un compte PayPal. Voire des réductions pour les achats en grosse quantité, en cas de suicide collectif. Ni échange ni remboursement, mais un chèque-cadeau vous sera offert pour le prochain achat.

Oui, je savais qu'on ne se reverrait pas. Que nous échangions nos derniers regards. Que je l'embrassais pour la dernière fois. Je me suis senti sale, injuste et traître de ne rien laisser paraître. Mais il fallait qu'il puisse partir tranquille. Et que, moi aussi, je parte. Définitivement.

16

« Tu as passé deux ans enfermé chez cet homme ? Sans sortir ? Mais c'est de la séquestration !

— Non. J'aurais pu m'enfuir, mais pour aller où ? Pour me faire de nouveau attraper par la police ? J'étais mieux chez lui que dans une énième famille d'accueil, que j'avais fini par appeler "famille cercueil". Pour la DDASS, j'étais sans doute considéré comme disparu.

« Lorsque Yves recevait une visite, ce qui arrivait très rarement, je descendais dans la cave et j'attendais que la personne s'en aille... Bien sûr, il y avait les rapports sexuels. Qu'en dire ? À part qu'il ne m'a jamais violé, jamais frappé. Je me laissais faire, c'est tout. Non pas que j'y trouvais toujours du plaisir, mais c'était la condition pour avoir la paix.

— Après ton enfance abjecte, tu as fini par banaliser le viol...

— Et la violence sourde, celle que l'on tait, la violence morale, du silence, tu y penses ? Crois-tu qu'une maltraitance soit pire qu'une autre ? Qu'on les hiérarchise ? Regarde bien autour de toi… Qui peut prétendre avoir été aimé comme il le devait ? pour ce qu'il était ? »

Jules était si jeune et si mûr. Le calvaire de ses premières années lui avait donné une connaissance partielle mais lucide des hommes et de leurs carences.

« Et comment t'occupais-tu ?

— Je faisais la vaisselle, un peu le ménage, ce genre de tâches, pas trop difficiles pour un adolescent. Je passais des heures devant la télévision à regarder des séries américaines… Tu crois quoi ? Que j'étais malheureux, que je subissais d'horribles sévices, attaché aux barreaux du lit ? Que je réclamais ma mère toutes les nuits en pleurant ? Non ! Les seules choses qu'Yves me forçait à faire, c'était à lire et à écrire. Grâce à lui, je me suis mis à aimer les belles histoires et un peu la littérature. D'abord, les bandes dessinées telles que *Lucky Luke* et *Tintin*, puis les petits romans d'une collection pour la jeunesse. Mais, surtout, il m'a poussé à faire chaque jour des exercices de mathématiques. Sans être un élève modèle, je ne me débrouillais pas trop mal. Je savais au moins manier les chiffres à peu près correctement.

Une fois par mois, Yves s'absentait pour la journée. Étant en liberté conditionnelle, il devait se rendre aux convocations du commissariat. Il avait déjà fait dix-huit mois de prison pour abus sexuel sur mineur. Je ne posais jamais de questions sur son passé. Il m'avait seulement expliqué qu'on ne contrôle pas toujours ses pulsions, que c'était dans sa nature, et qu'il ne changerait jamais.

La mairie du village l'employait à mi-temps à l'entretien des espaces verts de la commune. De temps en temps, des particuliers faisaient aussi appel à lui pour leurs propres jardins. Il ne gagnait pas beaucoup d'argent, mais suffisamment pour pouvoir aller faire les courses, chaque semaine, au supermarché.

Le jour de mes quatorze ans, il m'avait acheté un énorme gâteau. C'était la première fois qu'on me souhaitait mon anniversaire… »

***

« Presque deux ans plus tard, il m'annonça qu'il devait s'absenter pour le week-end. Sans me donner davantage d'explications que, de toute façon, je ne lui demandai pas, il prit sa voiture et me laissa seul à la maison. J'en profitai pour faire du rangement plus méticuleusement que d'habitude. Derrière un rideau que je n'avais jamais soulevé, par manque de curiosité, je découvris une armoire dont il avait sans doute oublié d'enlever la clef. Machinalement, j'en ouvris les battants. À l'intérieur, sur des étagères en bois, je tombai sur un ordinateur portable, des cassettes VHS, une pochette contenant des DVD et plusieurs albums de photos pornographiques représentant de très jeunes enfants nus, parfois seuls, parfois en compagnie d'adultes. Malgré le dégoût qui m'envahit, j'avais l'impression d'avoir violé son intimité, de découvrir un autre visage de celui chez qui je vivais, de trahir une confiance que l'on m'avait jusqu'à présent accordée... Ou bien l'avait-il fait exprès ?

Le dimanche soir, j'entendis la voiture manœuvrer sur le gravier. Yves entra sans même me dire bonjour. Son regard était sombre, ses lèvres rigides et ses gestes brusques. Il semblait perturbé. Il me demanda de descendre à la cave car il attendait une visite. J'obéis comme d'habitude. Une heure passa, puis deux. Je n'entendais aucun bruit ni discussion qui fassent penser à une autre présence. Vers vingt-trois heures, des coups violents contre la porte d'entrée me firent sursauter. Ils se répétèrent jusqu'à ce que j'entende la porte exploser. Terrorisé, je me blottis dans un coin, derrière la chaudière. Quelqu'un, brusquement, ouvrit la porte du cellier et alluma la lumière. Deux gendarmes vinrent m'extirper de ma cachette, me demander si j'allais bien, puis de les suivre à l'étage. Au milieu du salon, j'aperçus Yves une corde autour du cou, pendu à une poutre. Un tabouret renversé à ses pieds. Le corps immobile, les yeux fermés, le visage qui semblait soulagé. "Ne regarde pas !", s'exclama, trop tard, l'un des gendarmes. Je restai sans réaction. Comme anesthésié. Incapable de dire un mot ni même de crier ou de pleurer.

J'ai su plus tard qu'on avait retrouvé un garçon de neuf ans à moitié nu, errant dans les rues d'un village, non loin de la maison. »

***

« L'interrogatoire à la gendarmerie n'en finissait plus. Je dus décliner mon identité, expliquer la durée de ma captivité, les sévices subis... Je répondais très calmement à toutes les questions. Grâce aux fichiers informatiques, ils retrouvèrent qui j'étais, d'où je venais et ce que j'avais fait. Ils insistèrent sur les deux années que j'avais passées chez le pédophile. Quelles avaient été mes conditions de vie ? Avais-je été abusé par d'autres hommes ? Pourquoi n'avais-je pas alerté le voisinage ? Je continuai à relater tous les faits le plus normalement possible.

En attendant que l'enquête sur le suicide rassemble davantage d'éléments qui permettent de confirmer la véracité de mes propos, on me mit à l'isolement dans la prison pour mineurs de Beauvais. Il fallait en effet déterminer mon taux d'implication dans le décès d'Yves, mais également ma possible complicité dans le viol du jeune garçon. Le connaissais-je ? Avais-je servi d'appât ?

Deux jours après, je fus présenté au juge en référé qui devait statuer sur d'éventuelles poursuites, une procédure judiciaire ou ma mise en liberté. Mon avocat commis d'office plaida, sur la base de tous les documents remis par la police, mon innocence totale dans l'affaire du suicide et du viol, mais il demanda aussi au procureur d'anticiper ma majorité à seize ans. L'entretien que j'avais eu la veille avec la psychiatre de la prison avait révélé ma capacité à être autonome et qu'il serait préférable de ne pas me placer de nouveau dans une structure à environnement contraignant. Le procureur, après m'avoir mis très solennellement en garde parce qu'il engageait là sa responsabilité, accorda la requête de l'avocat.

Plus que quelques semaines et je serais un adulte ! Ma seule obligation serait de contacter chaque mois une éducatrice, soit physiquement, soit par téléphone, afin de lui rendre compte de mes faits et gestes jusqu'à mes dix-huit ans. Elle suivrait de près mon évolution et aurait le devoir de me prendre en charge, en cas de difficulté ou de problème quelconque. Je pouvais faire appel à elle à tout moment.

Avant de quitter le tribunal, je tombai dans le couloir des cent pas sur ma sœur Fabienne. Mes parents n'avaient pas souhaité venir, malgré la convocation qui leur avait été remise en main propre. Elle s'écroula dans mes bras en pleurant. "Je te croyais mort…", murmura-t-elle.

Impassible, je la regardais pleurer. »

***

« Paris, la plus belle ville du monde, avec ses larges avenues haussmanniennes aux façades noircies par la pollution, ses embouteillages permanents, ses clodos tous les trois mètres et ses quartiers devenus des coupe-gorge pour qui se faufile entre les ordures et les crottes de chien. Paris, où tous les jeunes provinciaux rêvent d'habiter avant qu'ils parviennent juste à se partager une chambre de bonne insalubre, sous-louée à un prix exorbitant. Paris, où tout est possible dans les bordels, les saunas, les bars malfamés et autres lieux de perdition où l'on chope tout un éventail de maladies vénériennes. À seize ans, je n'eus pas trop de difficulté à trouver un lit différent chaque soir. Avec une bonne petite gueule et le privilège de l'âge, les rencontres sont faciles et parfois monnayables. Sinon, il existait des foyers qui pouvaient m'héberger pour la nuit. Au moins les premiers temps. Mais je voulais travailler sérieusement, sans trop passer par la « case trottoir ». Être indépendant, enfin. Étant plutôt débrouillard, j'arrivai assez rapidement à obtenir le petit boulot de standardiste et à dénicher mon minuscule studio dans le Marais. La liberté est un luxe que je pouvais enfin me payer.

Une fois par mois, je contactai par téléphone Mme Bonheur, l'éducatrice qu'on m'avait attribuée au tribunal de Beauvais. Elle s'appelait en réalité Mme Feuneïme-Bauer-Schmitt. Une Alsacienne, que je surnommai Mme Bonheur, non pas qu'elle me portât chance, ou en raison de son nom imprononçable, mais parce que, chaque fois que je le lui donnais de mes nouvelles, elle s'écriait : "À la bonne heure !"

— J'ai trouvé un studio.

— À la bonne heure !

— Je commence un travail la semaine prochaine.

— À la bonne heure !

— J'ai un petit ami.

— À la bonne heure !"

Heureusement je ne lui disais pas tout, même si sa remarque aurait sans doute été la même, quoi que je lui annonce.

Le jour de mes dix-huit ans, elle me confia avoir rencontré mes parents quelques mois plus tôt. Ceux-ci, d'après elle, regrettaient que nous n'ayons pas renoué le contact, ces dernières années. Je faillis lui dire : "À la bonne heure", mais elle n'aurait sûrement pas compris l'allusion.

Même si elle connaissait quelques bribes de mon passé, je lui épargnais les détails sordides de mon présent, les endroits de débauche que je fréquentais sans états d'âme, jusqu'à y risquer ma vie, mais en m'efforçant toujours d'y garder une certaine dignité. »

***

« Dignité ? C'est-à-dire ?

— C'est-à-dire que plus personne ne m'a jamais commandé ou dirigé. J'étais mon seul maître, le seul à choisir ce que je voulais faire de mon corps et de mon destin... J'ai essayé d'aider les autres, à ma façon, en me révoltant contre l'injustice, contre l'exploitation de l'être humain, contre les conditions de vie des plus démunis. Mais là non plus, je n'avais sans doute pas les épaules assez solides.

— Tu aurais pu apporter ton témoignage sur ce que tu as vécu, sur la maltraitance des enfants...

— Non. Je ne possédais pas les outils pour le raconter. Il est souvent plus facile d'être témoin que victime, pour trouver le courage et les mots... La suite, tu la connais, c'est toi, notre rencontre, notre amour. Et c'est à toi que revient ce devoir d'écrire mon histoire... Il n'y a pas de hasard, tu le sais. »

17

Je rejoignis Patrice Guirao à l'île des Pins. Un endroit magnifique. Le cadre idéal pour travailler sur notre nouveau projet de comédie musicale. Comme nous le faisions toujours lorsque nous écrivions un spectacle, nous avions loué deux bungalows afin d'avoir chacun notre indépendance, mais sans qu'ils soient trop éloignés l'un de l'autre pour pouvoir plancher en parallèle sur nos ordinateurs portables. Nous sommes deux ours qui avons besoin de notre propre tanière. Patrice, tous les soirs, appelait sa femme et ses enfants pour prendre de leurs nouvelles. De mon côté, à cause du décalage horaire, je téléphonais à Jules soit tard le soir, soit tôt le matin. Chaque fois, il me demandait où nous en étions dans notre travail. Puis me parlait de choses et d'autres, de banalités. Je lui demandais s'il n'avait pas « craqué » – par rapport à son sevrage. Il m'assurait que non, mais me faisait part de son ennui. Heureusement, Aya lui tenait compagnie. Je lui dis qu'il me manquait, que bientôt je serais là. Je demandais des nouvelles de nos amis communs, ou lui parlais de mon envie de partir en voyage avec lui. Mais je ne sentais jamais un grand enthousiasme dans sa voix. Il ne voyait personne. À quoi bon voyager ? Pour aller où ? Et puis, il n'était pas vraiment présentable, en ce moment ; le traitement lui avait encore fait prendre plusieurs kilos.

Avec Patrice, nous avancions à grands pas. Encore quelques jours d'écriture, puis une dernière relecture et, enfin, le verre qui fêta notre satisfaction d'avoir rempli notre cahier des charges. Point final. Signatures. Envoi par mail aux commanditaires.

Ce dimanche-là, j'annonçai à Jules que nous avions terminé le livret et les dix-huit chansons qu'attendait la production. Il nous restait trois jours avant de prendre l'avion du retour, pour profiter de cette mer magnifique et du parfum des fleurs sauvages de l'île. Puis les deux ursidés rentreraient chacun chez soi.

Le lundi, en l'appelant, je tombai sur le répondeur. Peut-être était-il au volant ? ou en train de dormir ? Je ressayai un peu plus tard, sans plus de succès. Le mardi, je laissai un message : « Rappelle-moi, s'il te plaît. » Je refis une tentative avant d'aller me coucher. Mercredi, n'ayant toujours pas de nouvelles, je téléphonai à Fatima, notre femme de ménage, pour qu'elle passe faire un tour à la maison. Quelques heures plus tard, elle me rappela. « Monsieur, il faut vite rentrer, me dit-elle, d'un ton affolé. Il est arrivé quelque chose de grave. »

***

Comment décrire le temps d'après ? Ce temps suspendu où votre esprit s'anesthésie lui-même, comme s'il voulait vous protéger. Où votre corps entier s'absente, vacille, ne sait plus dans quelle direction aller. Puis ces mots qu'on prononce d'une voix blanche sans pouvoir en dire davantage parce qu'ils résument tout. « Jules s'est suicidé. » Le visage de l'ami qui ne sait comment réagir, sachant qu'il sera de toute façon maladroit face à votre désespoir. Ces longues heures à vouloir accélérer le temps pour monter enfin dans l'avion. Cette nuit qu'on voudrait rayer de sa vie. Ce lendemain matin où l'on espère avoir fait un cauchemar, jusqu'à ce réveil où l'on se refuse à ouvrir les yeux. Et ce voyage interminable à chercher à comprendre, à culpabiliser, à remonter le temps, à essayer de trouver les failles, les erreurs, les manquements.

J'arrivai à Nice. Je pris un taxi jusqu'à la maison. Fatima m'attendait. Son chagrin m'émut, bien sûr : en quelques années, Jules et elle s'étaient liés d'une telle affection... Aya était restée seule pendant trois jours mais, visiblement, ce n'est pas moi qu'elle attendait de revoir. Fatima m'expliqua qu'elle avait découvert Jules mort, allongé par terre, dans la salle de bains. Affolée, elle avait alerté les voisins qui, eux-mêmes, avaient appelé les secours. On avait trouvé sur la table du salon des bouteilles d'alcool et des boîtes de médicaments vides. La mort remontait à dimanche soir.

18

J'hésitais encore entre deux substances : le D. et le P. La filière pour faire venir ces produits de l'étranger par la poste se révéla plus compliquée que prévu. Il fallait préciser l'objectif, justifier de la démarche, donner ses coordonnées, envoyer la photocopie d'une pièce d'identité. Il aurait été plus facile d'acheter de la mort-aux-rats au supermarché du coin, même si ce n'est pas très tentant. Je dus demander à un ami pharmacien de m'en fournir, grâce à sa filière légale d'approvisionnement. En dire davantage sur son rôle et sa complicité reviendrait à le compromettre.

Le D. nécessitait de broyer d'abord les comprimés d'un antivomitif, de mélanger la poudre ainsi obtenue à du jus de pomme, puis d'ingérer le tout cinquante minutes avant d'absorber la molécule. Je n'étais pas vraiment d'humeur à cuisiner, à sortir les ustensiles, le mixeur et pourquoi pas, en plus, à profiter des longues minutes restantes pour faire la vaisselle, tout ranger et passer un dernier coup d'éponge sur le plan de travail... Le P. était, selon la notice, la potion miracle. Deux minutes pour s'endormir et une demi-heure pour mourir d'un arrêt cardiaque. La recette recommandait là aussi de boire du jus de pomme afin de faciliter la prise du produit. Peut-être en raison d'un excédent de récolte de ce fruit ? ou sur les conseils d'un actionnaire de chez Cidou *? ou pour toute autre raison que je ne connaîtrai jamais ? De toute façon, il était trop tard pour que je m'y intéresse, et je n'en avais pas une seule bouteille au réfrigérateur. Mon cocktail se ferait donc à base de whisky.*

***

Lionel, je suis parti parce que, comme je le disais, je n'ai pas réussi à vivre. Un passé trop encombrant, une enfance irréparable, un chemin de vie chaotique. Toi seul as essayé de me sortir de toutes ces impasses. Toi seul as tenté d'apaiser mes blessures. Mais ce n'était qu'un baume qu'on applique sur des plaies qui ne se refermeront jamais. J'ai vécu mes plus belles années à tes côtés. J'ai enfin rêvé. J'ai même cru en la possibilité d'être heureux.

Ne m'en veux pas de partir si lâchement. Je n'ai pas pu tenir ma promesse, mais je t'ai laissé tranquille jusqu'à ce dernier dimanche. Tu me l'avais demandé.

Tu me parlais souvent des anges. Tu croyais en leur existence. Tu les sentais autour de toi. Je te serai plus utile là-haut. Tu verras.

Je me souviens que, lorsque tu m'avais demandé quelle était la première image dont j'avais le souvenir, j'avais répondu celle d'un petit corps nu recroquevillé par terre, dans la salle de bains. C'est sans doute la dernière image que je vais laisser. Presque vingt ans plus tard, la fin ressemblera au début. J'aurai fait partie des 20 % d'enfants maltraités sur la planète. Par chance, beaucoup s'en sortent, en gardant forcément des traces psychologiques irréversibles ou des cicatrices physiques, mais ils arrivent à dépasser le handicap, à se tourner vers l'avenir. Ils portent encore la vie en eux... Malheureusement, j'ai toujours eu le suicide en moi, comme si je savais que je ne m'en sortirais jamais, que seule la mort pouvait me délivrer.

***

Demain, on verra peut-être dans les journaux une énième photo d'un gamin qui aura subi des violences, ou des abus sexuels, ou qui aura été exploité, négligé, martyrisé. On tournera la page comme on détourne le regard. Évidemment, on n'est pas responsable et personne ne nous juge.

Mais cet article doit être douloureusement utile pour dire qu'un seul enfant martyrisé, c'est l'échec de toute une société. Que passer son chemin ou banaliser l'abomination, c'est être complice de l'ignominie. Torturer un enfant, c'est fracasser l'innocence et la pureté. Et l'accepter, c'est accepter lâchement une société où les victimes ne peuvent se reconstruire.

J'aimerais que mon histoire fasse écho. Arriver à faire parler de ce mal qui touche tous les milieux, à des niveaux différents, bien sûr. Le harcèlement à l'école n'est-il pas un début de maltraitance ? La misère des bidonvilles, avec leurs gigantesques tas d'ordures où des enfants cherchent de la nourriture, l'exploitation de gamins dans des mines ou dans des usines aux quatre coins du monde, n'est-ce pas tout simplement une manière d'enlever à l'être humain sa dignité ? De profiter de sa faiblesse ? De le dominer ?... Peut-être que je m'égare, qu'il n'y a pas d'amalgame à faire avec ces gamins violés, ou prostitués, ou battus. Avec ceux qui meurent sous les coups d'un père violent. Ceux qu'on retrouve affamés dans un coffre de voiture. Ceux qui n'osent rien dire après avoir subi des actes sexuels. Ceux que l'on voit nus et abusés sur des photos qui circulent sur Internet.

Lionel, nous avons fait notre devoir. Espérons que notre rencontre, que ce témoignage auront une raison d'être. Que toi et moi aurons servi à quelque chose.

Prends soin d'Aya.

Postface

Par Patrice GUIRAO

Quand Lionel m'a demandé d'écrire quelques mots en postface de son livre, je ne l'avais pas lu et je n'en connaissais pas non plus le sujet. J'apprenais juste qu'il venait de terminer l'histoire qu'il écrivait.

Et puis j'ai ouvert le document et j'ai lu. Putain de toi !

Ça m'a pris aux entrailles. Poignardé. Morte la joie, aussi.

Le souvenir est encore vif. Cette île sublime et sa douleur indicible.

J'aime l'homme. J'admire l'artiste. Et son talent me bouleverse. Talent n'est pas le mot. Le vrai mot, c'est « amour ». Je ne sais pas si les gens réaliseront la dose d'amour qu'il lui aura fallu pour mettre ainsi son cœur à vif sur le billot des regards.

La force nécessaire à l'impudique pudeur de la sincérité. Pas d'artifice, pas de faux-semblants, pas de concession, pas de compromission. L'homme ne s'est pas déjugé, l'artiste ne s'est pas défaussé. Lionel est dans ce livre tel qu'en lui-même. Délicat en toutes vérités. Il fait partie de ceux qui ne cessent d'être utiles aux autres, par nature. On pourrait croire que je cède à notre amitié pour magnifier le bonhomme. Mais non. Lionel a dans son ADN cette empathie distanciée qui force le respect. L'histoire qu'il nous raconte, au-delà d'être certainement, pour terrible qu'il soit, l'un des plus beaux moments de lui-même, nous conduit, comme toujours avec ce surdoué des sentiments, au plus fondamental des fondamentaux : « notre conscience », qu'il ouvre comme toujours avec délicatesse et grand fracas.

Je n'ai pas à commenter ce récit. Il se suffit à lui-même. Mais je peux témoigner à mon tour que l'amour de ces deux hommes, de ces deux âmes, de ces deux instants était le plus beau des paradoxes. Et je ne peux m'empêcher de penser que, tout au long de l'écriture de ce livre, Lionel avait à ses côtés, au coin de son sourire, un ange aux yeux clairs qui lui tenait la main.

CET OUVRAGE
A ÉTÉ ACHEVÉ D'IMPRIMER
SUR ROTO-PAGE
PAR L'IMPRIMERIE FLOCH
À MAYENNE EN JANVIER 2020

Dépôt légal : janvier 2020
N° d'impression : 95616
Imprimé en France